미치고,
지치고,

홀　린

미치고, 지치고, 홀린
시인 강정이 쓰고 그린 영화들

© 강정

1판 1쇄 2024년 4월 29일

지은이 ♦ 강정
펴낸이 ♦ 고우리
펴낸곳 ♦ 마름모
등 록 ♦ 제 2021 - 000044호(2021년 5월 28일)
전 화 ♦ 070-4554-3973
팩 스 ♦ 02-6488-9874
메 일 ♦ marmmopress@naver.com
블로그 ♦ blog.naver.com/marmmopress
I S B N ♦ 979-11-985065-7-3 (03680)

평행하는 선들은 결국 만난다 ♦ 마름모

시인 강정이 쓰고 그린 영화들

미치고,

지치고,

홀린

미름

나는 영화를 보는 나 자신을 본다

어느 날, 문구점에 들러 연필 한 다스를 샀다. 느닷없는 충동이었다. 처음 만난, 그림 그리는 젊은 여성에게서 스케치북과 목탄 몇 자루를 선물받은 것도 비슷한 시기다. 그렇게 시작된 일이다.

뭔가를 그리고 싶으나, 뭘 그려야 할지 몰랐다. 그저 손이 가는 대로 점을 찍고, 검은 선을 휘저었다. 어떤 형체, 무엇인지 분명하진 않으나, 분명히 내가 봤거나 느꼈거나 소리 들었을 법한 흔적들이 흰 종이에 새겨졌다. 보다 구체적인 형상을 갖고 싶었다. 그렇게 영화들을 보게 되었다.

영화는 이제 유별난 도락거리가 아니다. 예전엔 마음먹고 일부러 시간을 내어 누군가와 약속을 잡고 영화관에 들르는 일에 설렘이 있었다. 지금도 그러는 사람들이 있을 것이다. 하지만 이제 집에서도 편하게 영화를 보는 게 가능해진 시대다. 리모컨만 손에 쥐고 있으면 별의별 영화들이 눈앞에 펼쳐진다. 선택의 여지 또한 무궁무진하다. 그래서일 거다. 영화 보기가 심상해진 이유는. 또 그래서일 거다. 영화를 조금 별다른 방식으로 보고, 조금은 일상적이지 않은 관점에서 대하고 싶어진 이유는.

영화가 보는 이에게 일방향으로 던져지는 단순한 체계가 아님을 깨달은 건 오래전이다. 블록버스터든 코미디물이든 아트 무비든 마찬가지다. 두 시간 가까이 영화를 보고 있으면 영화가 거울처럼 여겨지게 된 것인데, 그러다가 '나는 영화를 보면서 영화를 보고 있는 나를 관찰한다'는 결론에 달했다.

누구나 한 편의 영화를 보면서 이러저러한 감정과 느낌과 생각이 교차하는 건 당연한 일일 것이다. 그저 재미있다 없다거나 유익했다거나 불쾌했다 하는 감정은 때로 코 풀고 난 휴지처럼 금세 내동댕이쳐질 수도 있는 일차적인 소회일 것이나, 그 무용한 휴지를 다시 주워 펼쳐 보면 스스로도 알지 못한 모종의 신체적 각성 같은 게 묻어 있을 거라는 생각을 했다. 영화의 잔상이란 그런 거다. 전체 줄거리는 몽땅 잊어도 몸에 밴 어떤 자취로 이미 나의 일부가 되어 작용하는 힘이 영화의 진짜 매력(혹은 마력)이라는 생각을 하게 되었다.

요즘은 집에서 영화를 보며 '일단 멈춤'시키는 게 가능하다. 영화관에서는 불가능한 일이다. 어떤 장면을 유심히 보게 된다. 영화의 전체 맥락을 압축할 때도, 영화 자체와는 무관할 때도, 혹은 영화가 내포한 여러 다른 차원의 함의들을 발견하게 될 때도 있다. 왜 하필 '그 장면'을 골똘히 바라보고 그리게 됐는지 설명하라면 거의 충동에 가까웠다고나 말할 수 있을 것이다. 그러다보면 영화가 정작 전하고자 하는 것 이상의 여러 이미지 혹은 이야기들이 잠깐 멈춰버린 듯한 시간 속에서 뿌옇게 새겨지기도 한다. 그때, 내가 영화 속에 들어왔거나, 영화가 내 속에 들어온 것 같은 묘한 일체감이 생긴다. 이 책의 제목 그대로 뭔가에 미치고, 어딘가에 지치고,

일상 바깥의 누군가에게 홀린 듯한 상태. 스스로 낯설어지기도, 스스로 분명해지기도 하는 이상한 경험이었다. 그 공전하는 듯한 합일 상태에서 영화의 표면 일부를 시각적으로 긁어내면서 내 속에 똬리 튼 상념의 찌끼들을 풀어놓게 되었다. 투박한 드로잉 실력을 뻔뻔스레 공개하게 된 까닭도 같은 맥락이다. 그러니까, 이 책에 수록된 험상궂은 그림들은 모두 나의 자화상이라 봐도 무방하다.

그림을 그리는 건 어떤 것은 드러내고 어떤 것은 감추거나 지우는 행위다. 언어의 본질이 그렇듯, 말하지 않거나 지워지는 것들 속에 더 많은 진심이 있을 수 있는 법. 그리면서 또 쓰면서 나 자신이 오래도록 입어 다 해진 옷감이거나 낡은 팔레트에 덕지덕지 말라붙은 물감 같다는 생각을 했다. 쓸모없는 것들이 때론 전혀 다른 형태와 질감으로 변화할 수도 있을 거라는 믿음 덕에 그 옷과 물감을 다르게 사용하는 방법을 조금 터득했다고 하면 지나친 자위일까? 많은 이의 질정 바란다.

연재 지면을 주신 씨네플레이 전 편집장 강나연 님, 매번 마감 시각을 고무줄 늘이듯 변경시켜도 늘 다정하게 인내해

주신 씨네플레이 성찬얼 기자님, 초면에 내 '낙서'들을 보곤 그림을 그려도 될 사람이라 용기를 주신 권윤지 작가님(스케치북과 목탄을 선물해주신 분이다), 그리고 출간을 독려하고 제안해주실 뿐 아니라, 1년여 넘게 연재하며 난삽하게 초점이 흐려진 원고들을 말끔하게 정리해 정갈한 물건으로 다듬어주신 마름모 고우리 대표께 깊이 감사드린다.

차례

2
사랑 혹은 관계

3
예술 혹은 예술가

4
광기 혹은 역사

5
영화란 무엇인가

1

나 혹은 인간

오늘 나는
나를 버리기로 한다!

한 젊은 연극배우한테 이런 말을 들었다. "뭐든 연극하는 것처럼 하면 못할 일이 없을 것 같다." 소소한 일상 및 생활 패턴과 관련한 대화를 나누는 중이었다. 묘한 말이었다. 연극적인 재능과 센스가 초능력을 발휘한다는 뜻은 아니다. 자신에 대한 특유한 인식에서 나온 말 같았다. 오래 곱씹게 되었다. 내가 내가 아닌 사람이 되었을 때 발휘하게 되는 힘 같은 걸 떠올렸다.

나는 왜 나여야 하는가?

나는 무엇인가 혹은 누구인가, 라는 질문은 언제나 요령부득이다. 하지만 살면서 몇 번쯤 부닥치게 되는 질문이자 해답은 자중지란의 요원한 입구와도 같다. 자아가 이미 단단하게 형성되었다고 믿게 되는 성인이거나, 삶의 어느 상황에서 자신에 대한 긍지와 확신을 가지게 된 사람에겐 무용하고 거추장스러운 질문일 것이다. 자신을 정확히 안다는 건 여러모로 불편하다. 그리고 불가능하다. 거울은 나를 비추는 게 아니라 나라고 여겨지는 것의 껍데기를 역상으로 반사할 뿐이다. 나는 나 자신의 바깥에 존재할 수 없다. 그런데, 어느 날 갑자기 그 '나'가 내 몸을 벗어나 또렷한 객체로서 내 앞에 나타난다면?

    미켈란젤로 안토니오니의 〈여행자〉는 낯선 곳에서 맞닥뜨린 '또 다른 나'에 관한 이야기다. 정확히 말하자면 '또 다른 나'가 되고자 하는 본원적 욕망을 파헤친 심리극이라 할 수 있다. 영국의 텔레비전 영화 기자 데이비드 로크(잭 니컬슨)는 아프리카의 내전 상황을 취재 중 길을 잃는다. 사막과 알아들을 수 없는 언어와 갈증에 시달리다 어느 허름한 호텔에 투숙한다. 샤워기 아래서 때를 벗고 호텔 종업원이 가져다준 물로 갈증을 채운 로크는 우연히 다른 방에 투숙하던 한 남자를 발견한다. 데이비드 로버트슨이라는 사업가다. 그가 침대에 죽어 있다. 로크는 로버트슨의 시신을 물끄러미 바라보다가 그의 소지품을 뒤진다. 여권과 몇몇 서류 등이 로크의 손아귀에 들어온다.

    로크가 로버트슨을 인터뷰한 녹음테이프도 있다. 죽은 로버트슨과 로크의 대화 중 화면은 두 사람을 동시에 프레임 안에 둔다. 청색 재킷 차림의 로버트슨과 붉은색 체크무늬 셔츠 차림의 로크. 로크는 질문하는 자고 로버트슨은 대답하는 자다. 허여멀건한 호텔 벽이 문득 뭔가가 차근차근 쓰여지는 백지 같다는 느낌을 준다. 현실과 환상의 교차라고도 할 만하다. 이미 죽은 자와 살아 있는 자의 대화. 둘의 얼굴이 똑같다. 그러나 다른 사람이다. 로크는 묘한 충동을 느낀다. 로버트슨의 여권과 자신의 여권을 바꿔치기한다. 옷도 바꿔 입는다. 자신이 묵던 방에 로버트슨의 시신을 옮겨놓는다. 그러곤 호텔 카운터에 데이비드 로크의 죽음을 알린다. 로크 는 그렇게 로버트슨이 된다.

나는 그가 되고 그는 내가 되어 죽고 살다

영화 시작 17~18분 동안 벌어지는 일이다. 영국 방송국 본 사와 로크의 아내 레이철에게도 소식이 전해지고 신문에 로 크의 부고가 뜬다. 로버트슨으로 변신한 로크가 자신의 부고 를 읽는다. 아무 감정도 느끼지 않는 듯하다. 로크는 이제 한 때 자신이었던 로크를 자신에게서 지운다. 로버트슨의 수첩 에서 발견한 스케줄을 훑고 로버트슨이 하던 일을 하는 척하 면서 로버트슨과 관계된 사람들과 만난다. 로버트슨은 아프 리카 반정부 게릴라에게 무기를 제공하던 밀매업자였다. 여 러모로 로버트슨은 쫓기게 된다. 로버트슨의 뒤를 쫓는 사람 들과 로크의 행방을 추적하며 로버트슨을 만나려는 방송국 동료 및 아내 레이첼. 로크에게서 탈출한 로버트슨은 무작정 떠난다. 로크에게서도, 그리고 원래의 로버트슨에게서도. 그러다가 스페인 바르셀로나에서 한 젊은 여인을 만난다. 건축을 공부하는 학생이라고 자신을 소개한 여성은 이름이 없다(마리아 슈나이더가 연기한 이 역할은 크레딧에서도 'Girl'이라고만 뜬다). 그녀는 새로운 로버트슨의 조력자가 된다.

둘이 만난 곳은 안토니오 가우디가 설계한 건물이다. 여성은 가우디의 건축물엔 "숨을 곳이 많다"고 말한다. 그전에 둘은 로크가 막 로버트슨으로 변신한 직후, 런던에서 잠깐 마주친 적이 있다. 그녀는 항상 독서 중이다. 어떤 책인지는 알 수 없다. 새로운 로버트슨과 그녀의 대화는 대체로 낭만적이거나 이상적이거나 현실 기만적이다. 오히려 그렇기에 로버트슨은 자신이 가짜 로버트슨임을 밝히게 되고 그녀는 거기에 흥미를 느낀다(현실에 존재하나 실제론 존재하지 않는 이상한 존재는 언제나 매력적이다?). 사랑도, 사랑 아닌 것도 아닌 기묘한 애정이 둘을 함께 떠돌게 만든다. 로버트슨을 추적하는 자들에게 그녀는 늘 가림막이 되어준다. 로버트슨은 끝내 로버트슨도 로크도 아닌 채로 계속 사라지기만 한다. 그게 겉으로 드러난 이 영화의 핵심 줄기다.

현실은 잘 편집된 가짜 진실의 허구

현실의 사소한 디테일들을 모아 재조립하고 편집하다보면 늘 숨겨진 진실이 발견되곤 한다. 로크의 직업이 다큐 영화 제작자라는 건 그래서 의미심장하다. 미켈란젤로 안토니오니는 이미 전작 〈확대〉(원제 'Blow-up'이 한국에선 '욕망'이라는 엉터리 제목으로 번역 소개됐다)에서부터 그런 점을 다루었다. 조각난 현실의 파편들이 그려내는 보다 크고 본질적인 진실. 그러나 그것은 편집되기 전엔 늘 뒤엉킨 우연과 예측 불가한 암시로만 범상하게 떠돌 뿐이다. 사실이었던 것들이 사실을 가장한 조작이었고, 진실이라 믿었던 것들이 내면 깊숙이 숨겨둔 비밀이었음을 알리는 경우는 실제로 허다하다. 어떤 인물이나 사건에 대해 사람은 믿고 싶은 것만 믿게 되고 그걸 총체적으로 조장하는 게 미디어이다.

영화에선 왜 로크가 자신을 버리고 로버트슨이 되려 했는지 그 동기가 드러나지 않는다. 그러나 영화를 보다보면 그 행위가 너무 비밀스럽게도, 너무 당연하게도 여겨진다. 자연스럽지도 부자연스럽지도 않은 묘한 중립 상태. 자신에게서 벗어나 다른 사람이 되어 거처도 목적도 없이 떠도는 삶. 그리고 정체 묘연한 젊은 여인과의 불안정한 동행. 극도로 제한된 대사와 평범한 듯 기묘한 기하학적 미감이 느껴지는 이미지들의 나열로 보이지 않는 큰 그림을 드러내는 미켈란젤로 안토니오니 영화 특유의 미장센은 이 영화에서 극점에 달했다.

로크도 로버트슨도 아닌 채로 어느 한적한 시골 호텔 방에서 조용히 혼자 죽어가는 마지막 7분의 롱테이크는 영화사에 전대미문의 장면으로 남아 있다. 어떤 극적인 행동이나 말도 없다. 호텔 방 안에서 느릿하게 움직이는 카메라는 좁은 창살 사이를 서서히 벗어나 호텔 앞 공터의 시시콜콜한 풍경과 인물들의 산발적인 행동을 훑으며 점점 시야를 넓힌다. 호텔 주위를 뱅그르르 돌면서 이내 한꺼번에 몰려드는 추적자들의 모습을 무감하게 채집한다. 그리고 이번엔 다시 창밖에서 로크이자 로버트슨이자 그 둘 중 아무도 아닌 남자가 죽어 있는 방을 포착한다. 그는 죽기 전 그저 담배를 한 대 피워 물며 프레임 바깥으로 사라졌을 뿐이다. 경찰이 출동하고 신원 확인이 이뤄지는 등 어수선한 장면이 그저 강 건너 불구경하듯 건조하게 스쳐 지난다. 그가 로크인지 로버트슨인지 여전히 불분명하다(로크의 아내 레이철은 로크가 아니라고 한다). 그리고 그게 중요한 문제도 아니라는 듯 해가 지고, 여관 주인이 입구에서 담뱃불을 켜자 로비에 불이 들어오면서 영화는 끝난다.

떠난다는 건 내가 나 자신으로부터 사라지는 것

앞서 언급한 연극배우의 말 때문에 다시 보게 된 영화다. 배우俳優란 단어를 풀면 '사람이 아니다'라는 뜻이 숨어 있다. 여기서 '사람'은 자기 자신이라는 함의를 가진다고 봐도 된다. 자신이 아닌 사람이 되면 자신이 했던 것들이 다르게 보일 거라는 건 물리적으로 명확하다. 그럴 경우, 세계도 변하게 된다. 내가 알고 있던 세계가 '그'가 아는 세계가 되고, 내가 나였을 때엔 몰랐거나 무시했던 것들을 새로이 알게 되기도 한다. 그래서 자신이었을 때엔 불가능해 보이던 일들이 가능하게 (여겨지게) 된다. 나를 바꾼다는 건 내가 숨겨뒀거나 감추고자 했던 모종의 진실을 스스로 고발하는 행위인 것이다.

풍경은 자신도 모르게 자신을 반영한다. 낯선 곳에서 나는 내가 아니게 된다. 여행은 그래서 흥분되고 설레는 일이자, 무섭고도 잔인한 일일 수 있다. 내가 나의 바깥으로 가는 여

낯선 곳에서 나는 내가 아니게 된다.
여행은 그래서 흥분되고 설레는 일이자,
무섭고도 잔인한 일일 수 있다.

헹이든 바깥에서 안으로 되돌아오는 여행이든, 결국 떠나는 건 나 자신이고 다시 만나는 것 역시 내가 몰랐던 나 자신이다. 그는 과연 같은 사람인가. 삶 자체가 끝없는 여행이라는 진부한 명제를 새삼 들먹일 필요는 없을 것이다. 그래도 오늘은 또 내가 나인 줄 알았던 나를 배반하는 또 다른 하루임엔 분명할 것이다.

나는 왜 여자(남자)가
아니고 남자(여자)인가

빌라봉 프레스, 1980

지극히 개인적인 얘기를 해볼까 하는데, 조금 뜬금없을지도, 불편할지도 모르겠다. 어떤 진실(?)은 불편하기 짝이 없는 것 투성이라는 걸 관대하게 이해할 거라는 사실을 전제한다.

혹시 게이 아니냐는 얘기를 어릴 때(특히 30대 때) 곧잘 들었다. 곱상하게 생겼다는 뜻은 물론 아니다. 귀걸이, 팔찌, 목걸이, 반지 다 하고 다니던 시절이어서 그랬을 수도 있다. 몸태나 말버릇이 여자 같다는 얘긴 꼬마 때(당시엔 얼굴도 진짜 태국 소녀 같았다)부터 많이 들었고, 그게 콤플렉스라 여겨 사춘기 때는 위악을 부리기도 했다. 대학에 강의 다닐 때는 한 부류의 여학생들이 근거 없는 확증도 찍은 바 있다. 웃고 말았다.

무엇이 나를 규정하는가

주변에 알고 지내는 게이들로부터 나 같은 스타일은 게이들이 별로 좋아하지 않는다는 얘길 들은 적도 있거니와, 남성에게 야릇한 감정을 느낀 적은 군대 시절 이후 없다. 어딘가 황홀하고도 무서우면서 스스로가 징그럽다고 느껴진 경험이었다.

얼마 전에도 누군가에게 게이 아니냐는 소릴 들었다. 그렇지 않다고 웃으며 대꾸했다. 바이섹슈얼이었던 여성과 잠시 알고 지낸 적이 있는데, 당시 그녀는 어떻게 동성과 사랑이 불가능하냐며 외려 심각하게 여겼다. 그쪽에서 듣기에 옹색하게 들릴 대답을 했었는지는 잘 기억나지 않는다. 약간 혼란스러운 느낌에 사로잡힌 건 분명했다.

사회화 과정에서 스스로도 모르게 자신을 남성 혹은 여성이라 규정 내리는 경우가 많으리라는 건 (적어도 한국에서는) 요즘에야 본격적으로 담론화되기 시작한 문제다. 지금도 때로 친구들한테 "계집애 같아 재수 없다"는 소릴 듣곤 한다. 나이 먹을수록 자주 만나게 되는 술친구들도 거의 여성이고 여성을 대할 때 더 편할 때가 많다. 업무 관계에서도 여성과 일하는 게 더 무난한 편이다. 곧이곧대로 들을 바는 아니지만, 사주 보는 사람한테 여자로 태어났어야 대성했을 거라는 소릴 들은 적도 있다.

옷을 입을 때도 골반 차이 때문에 청바지는 남자 옷을 입지만, 여성 의류 매장을 기웃거릴 때가 많다. 눈에 딱 띄는 게 있으면 무조건 엑스라지를 사서 입곤 한다. 그럼에도 감정적으로 민감해지는 순간이 발생하면 여지없는 남자(가부장 꼰대 의식?)처럼 굴 때가 있다. 그러면서 곧 후회한다. 그때마다 사로잡히는, 내가 쓰레기 같다는 자괴감은 늘 당혹스럽다.

내 몸이 왜 다른 사람 몸 같았을까

느닷없이 무슨 이런 야릇한 소릴 하나 싶다. 얼마 전 새벽, 잠에서 깨며 어떤 영화가 문득 생각난 까닭이다. 꿈에 그 영화 장면들이 생생하게 떠올랐다. 알 파치노가 젊은 시절 출연한 〈광란자〉란 영화다. 1980년 작품이니 알 파치노가 막 '알'(?)에서 깬 직후 촬영한 작품이다. 〈스카페이스〉로 미국 영화사의 중심인물로 떠오르게 된 건 몇 년 후다. 앨프리드 히치콕의 영향을 강하게 받은 스릴러의 거장 윌리엄 프리드킨이 연출했다.

살인 사건을 추적하던 형사가 당시 미국 서부에서 성행하던 게이 클럽을 드나들다가 자신이 게이가 되어버린다는 대충의 스토리만 기억한다. 원제는 'Cruising', 소위 이성을 유혹하려 껄떡거리는 짓거리를 뜻한다. 거참 묘한 영화네, 라면서 보다가 이상한 기시감에 빠졌었다. 내가 언젠가 저런 느낌을 가졌었던 것만 같은 느낌이었다.

장면이나 대사의 디테일은 기억나지 않는데, 보는 내내 내 몸을 마치 남의 몸인 양 기웃거리며 손으로 쓰다듬은 기억이 또렷하다. 자위의 차원이 아니라 뭔가 낯선 것을 탐색하는 기분이었다. 요즘도 그런 느낌에 사로잡힐 때가 있다. 로션 등도 여성용을 주로 쓰는데, 피부가 약해서이기도 하지만, 남성용 화장품 냄새가 역겨울 때가 많아서이다. 립스틱이나 마스카라를 장난삼아 누가 발라주면 좋아라 까불기도 한다. 20대 때 한번은 술 먹고 마스카라를 한 채로 지하철을 탔다가 시선 집중을 받은 적도 있다. 요즘 같았으면 SNS에 동영상이 떠돌 만한 정황이었다(아닌가? 이젠 많이들 익숙해졌으려나?).

새벽은 시커먼 거울과도 같아서일지도 모르겠다. 잊혔거나 묻어뒀던 게 불쑥 튀어나와 내가 나를 점검하고 의심하게 되곤 한다. 〈광란자〉가 떠올랐던 게 꿈속이었는지 깨고 나서 스스로 재편집한 상념 속에서인지 문득 헷갈린다. 한국 제목은 걸맞기도 어이없기도 하다. 스펠바운딩되는 게 광란적 행위임엔 분명하지만, 원제의 미묘하고 적나라한 뉘앙스가 지워지는 느낌이다. 영화는 굉장히 눅눅하고 칙칙하면서도 당시 미국의 비주류 문화를 가감 없이 보여준다.

나는 '내가 아는 나'가 아니다

1980년이면 에이즈라는 게 슬슬 명명되기 시작하면서, 질병 알레고리를 통해 낯선 것과 비틀린 것에 대한 공포 분위기가 표면에 떠오르던 무렵이다. 프랑스 철학자 미셸 푸코가 미국 서부를 여행 다니면서 게이로서의 정체성을 활용한 일종의 '생체실험적 철학 행위'(?)를 섭렵하던 시기가 딱 그 무렵이다. 푸코 전기 중 제임스 밀러가 쓴 《미셸 푸코의 수난》에 그런 내용이 상세히 나온다. 디디에 에리봉이 쓴 더 유명한 평전은 외려 그 사실을 흐리거나 사자 명예 존중을 위해 덧칠한 느낌이 강하다.

〈광란자〉의 마지막 장면은 섬세하고 기이하다 못해 어딘지 호러의 느낌도 강하다. 공포는 결국 낯선 것에 대한 편견과 왜곡에서 발생한다. 그런데 사람이 공포를 즐기는 이유는 바로 그 때문이기도 하다. 스스로 혹은 사회적으로 규정된 정체성을 추호도 의심하지 않다가 어떤 특수한 계기로 자기 자신에게 내재한 이질성을 깨닫게 되는 건 공포와 매혹을 동시에 유발한다. 비단 젠더나 성 정체성의 문제만이 아니다. 모종의 계기를 통해 잠재된 폭력성을 자각하거나 감정의 극단에 치달아 평소에 상상도 못한 행동을 저지르면서 자중지란을 겪기도 한다. 그러다가 결국 이미 확립되었던 정체성을 되찾으려 노력하게 된다. '나는 오로지 내가 아는 나'이어야 한다는 강박의 소산일 것이다. 그런데 그걸 부러 깨뜨리고자 한다면?

영화를 다시 보고 싶다는 생각이 들어 뒤져봤지만 내 주변 머리로는 찾기가 힘들다. 뇌리에 딱 박혀 있는 장면 몇 개의 스틸만 발견해서 그중 한 장면을 베껴 그려보았다. 혼란을 겪던 알 파치노가 본격적으로(?) 화장을 하기 시작하는 모습이다. 영화 후반부이다. 이전까지 그는 우직하고 매몰찬 터프가이 형사였다. 수사를 하러 게이클럽을 드나들면서 서서히 자신 안의 다른 정체성을 찾게 되는 게 이 영화의 핵심이자 매력인데, 어두침침한 듯 현란한 영상만큼 야릇하게 진전되는 심리의 변이가 아스트랄한 느낌이었다. 중간중간 일상의 평범한 모습들이 삽입되지만, 시간이 흐를수록 그런 장면들의 평범함이 외려 더 괴이하게 느껴지기도 한다.

형사는 자기도 모르게 억눌렀다가 스스로 인정하기 싫었던 진짜 얼굴을 되찾은 건지도 모른다. 나아가, 자신이 진짜라 믿었던 세계가 오히려 허구이고, 도저히 자신이라 인정할 수 없는, 이전의 자신과는 완전히 다른 인물이 자신 안에서 빛을 밝히며 떠오르는 또 다른 삶의 가능성을 깨달은 걸 수도 있다. 어느 쪽이든 그는 이미 자신이 알던 그 사람이 아니다. 말 그대로 '커밍 아웃coming out'인 셈이다.

당신은 정말 '당신 자신'인가

이건 성 정체성에 관한 문제만이 아니다. 사람은 대개 유일무이한 정체성을 유지하기를 강요받는다. 자신에 대해서뿐만 아니라 타인에게도 마찬가지인데, 타인의 정체성이나 성적 능력에 대한 일방적 확증만한 폭력도 없다. 아니, 그런 자기확증에 의해 타인에 대한 유형 무형의 폭력이 발생한다. 성인이 될수록 사람은 오히려 오래 알던 자신이 자신 아닌 다른 사람일 수도 있다. 인간도 결국 유기체고 그런 만큼 무한한 변형 가능성이 있다. 그로 인해 숨어 있는 잠재력이 폭발할 수도, 전혀 생각지 못했던 일을 감행할 수도 있다. 그런 자각이야말로 자기관리의 시발이다.

사람은 대개 유일무이한 정체성을 유지하기를
강요받는다. 자신에 대해서뿐만 아니라 타인에

게도 마찬가지인데, 타인의 정체성이나 성적
능력에 대한 일방적 확증만한 폭력도 없다.

앞서 미셸 푸코를 인용했다. 푸코 말년의 철학적 화두가 다름 아닌 '자기에의 배려'였다. 그보다 150여 년 전, 시인 랭보는 '나는 타자다'라고 선언한 적 있다. 지금 당신은 정말 존재하는 그대로 '자기 자신'인가.

내 몸엔
내가 하나도 없어!

페드로 알모도바르, 2011

사람은 어머니의 몸속에서부터 일종의 감옥에 갇힌다. 모태가 감옥과 유사하다는 전제에서 그렇게 볼 수도 있다는 뜻이다. 외부와 격리된 채 태아는 10개월 동안 성장하며 사람의 꼴을 갖추게 되는데, 어머니의 몸 밖으로 나오면서 비로소 하나의 분명한 생명체가 된다. 이때, 모태가 감옥이라는 전제에서 봤을 때, 해산은 탈출이고 해방일까. 분명한 태어남이 태아에겐 또 다른 사망 신고 혹은 감금인 것은 아닐까.

내 몸이 내 감옥이야!

무슨 괴상망측한 얘기일까 싶겠지만, 시작한 김에 조금 더 나아가보자. 사람은 결국 몸이다. 몸이 망가지고 파괴되는 순간 사람은 죽는다. 그렇다면 죽음 역시 또 하나의 해방이고 탈출일까. 이런 질문은 몸 역시 감옥이라는 설정에서 유효하다. 감옥에서 벗어났더니 또 다른 감옥에 갇히는 유한 순환. 사람은 몸을 가지고 있기에 오욕칠정을 비롯한 모든 감정적 격동을 겪고 그게 곧 삶의 내용이 된다. 그 어떤 이성적 분별이나 도덕적 규범 등도 몸이 한정하는 사람의 기본적 한계에서 벗어나 작동하는 건 불가능하다. 몸은 곧 사람의 굴레이자 짐일지 모른다.

페드로 알모도바르 감독의 〈내가 사는 피부〉는 그런 전제에서 출발해야 납득이 쉬워지는 영화다. 폭력과 강간, 성도착증과 집착, 성전환과 양성(혹은 다성)이라는 테마를 줄곧 천착해온 알모도바르는 이 영화에서 자신의 필모그래피 전부를 답습 혹은 변형하는 실험(?)을 가동한다. 그는 데뷔 때부터 다분히 여성 친화적이고 일반 사회의 섹슈얼리티 개념을 전복하는 영화를 만들어왔다. 엽기적이고 해괴한 설정이 주를 이루는데, 대부분 비극적인 내용이다. 그럼에도 다 보고 나면 이상한 쾌감과 슬픔이 느껴진다. 그런 특징은 52회 칸영화제 감독상을 수상한 〈내 어머니의 모든 것〉(1999)에서부터 더 섬려하고 포근해진다.

사회의 관습, 도덕적이거나 종교적인 계율, 제도가 강요하는 심리적이고도 육체적인 고착에서 잠시 해방된다는 느낌 때문일 수도 있다. 하지만 일시적인 해방감이나 일탈을 자극하는 오락거리 정도로 치부하기엔 밀도와 심급이 심상찮다. 알모도바르의 영화는 상상적 전복 이상의 삶에 대한 실질적이고도 전면적인 전환을 강조한다. 거기에 동조하든 거부감을 느끼든 어떻게든 반응하게 만드는 힘을 지니고 있다.

반전 없는, 그 자체가 반전인 영화

서두에 전제했듯 사람의 삶이 태생부터 감옥이라면, 사람으로 구성된 사회는 더 큰 감옥의 집합이라 할 수 있다. 알모도바르는 그 감옥을 부수진 못하더라도 자기 의지로 변형시켜 자신의 굴레와 한계를 천국의 도구 삼아 스스로 즐기라고 종용한다. 생물학적 혹은 사회적으로 주어진 성(性)이나 부모마저 스스로 바꿔 비극마저 황홀한 판타지로 재구성하는 일. 그렇듯 세심하고도 엉뚱기발한 심리적 토대를 배제하고 본다면 알모도바르의 영화는 스페인 특유의 강렬한 색감과 섬세한 소도구들의 진한 물성 말고 별 볼 게 없는 장난처럼 여겨질 수도 있다.

〈내가 사는 피부〉는 프랑스 스릴러 작가 티에리 종케의 《독거미》를 원작으로 만들어졌다. 기본 스토리 구조와 인물 설정은 그대로 가지고 왔으나 전체적인 분위기는 많이 다르다. 소설에서 마지막 반전으로 작용하는 설정이 영화에선 중반부 이후에 미리 까발려진다. 내용 또한 마찬가지. 일종의 복수극인데, 영화에서 복수는 주제를 전하기 위한 단순 수단에 불과하다. 의학 박사인 로베르트(안토니오 반데라스)는 인공 피부의 발명에 천착하는 괴이한 의사다. 화상 등 피부에 상처가 나는 것을 방지하기 위해 자연을 거스르는 모험을 감행하려는 것인데, 당연히 의학계에서 논란이 될 만한 일이다. 그런데 그가 인공 피부를 발명하려는 배경에는 단순한 의학적 야망 외 개인적 원한과 상처가 연관돼 있다.

로베르트는 수년 전 교통사고를 당해 아내를 잃었다. 아내는 사고 현장에선 살아남았으나 온몸에 화상을 입었다. 집에서 요양하던 중 우연히 창유리를 통해 화상으로 일그러진 자신의 모습을 보곤 충격을 받아 창밖으로 뛰어내려 자살한다. 로베르트 부부에겐 노르마(블랑카 수아레스)라는 딸이 있다. 노르마는 갓 성년이 될 무렵, 어느 파티에 갔다가 비센테(얀 코르넷)라는 청년을 알게 된다. 둘은 마약에 취한 상태에서 숲 속으로 가 성교를 하려고 한다. 서로를 탐하는 듯 스킨십을 나누던 도중에 노르마가 갑자기 강력하게 저항하며 비명을 지른다. 당황한 비센테가 노르마의 뺨을 때려 기절시키곤 반쯤 벗겨진 노르마의 옷을 추스른 다음 도망친다.

영화에서 복수의 객관적 근거가 바로 이거다. 로베르트는 비센테를 납치하여 감금한다. 노르마는 정신병원에 갇혀 있다가 뭔가 알 수 없는 공포에 시달려 창문에서 뛰어내려 (엄마처럼!) 자살한다. 로베르트는 비센테를 자신의 실험 도구 삼아 여성으로 변화시킨다. 그러면서 마릴리아(마리사 파레데스)라는 늙은 여인을 비서 삼아 호출하는데, 로베르트와 마릴리아의 관계 또한 어딘지 심상찮다. 비센테는 창문 없는 2층 방에 갇혀 거실의 모니터를 통해 일거수일투족을 감시당한다. 그 비센테가 로베르트의 아내를 똑 닮은, 새로 탄생한 여인 베라(엘레나 아나야)라는 사실은 굳이 반전이랄 것도 없으니 숨길 필요도 없다.

감옥에서 벗어나니 더 큰 감옥이 있더라

베라는 온몸에 엷은 살색 천을 두르고 있다. 감금된 상태로 베라는 요가에 몰두하고, 벽을 낙서를 가득 채운다. "나는 숨 쉬고 있다. 나는 숨 쉬는 존재다"라는 문구와 감금된 날짜 등이 적혀 있는데, 하얀 벽을 꽉 메운 그 흔적이 흡사 밀실에 뚫어놓은 숨구멍 같아 보이는 것도 과장만은 아닐 거다. 베라는 요가를 통해 갇혀 있는 공간에서 자신의 몸 안으로 탈출하는 힌트를 얻는다. 그러다가 로베르트가 집은 비운 사이 마릴리아의 아들인 제카(로베르토 알라모)가 나타난다. 축제에서 호랑이 탈을 뒤집어쓴 채 뛰쳐나온 제카가 모니터를 통해 베라를 발견한다. 짐승 같은 본능뿐 아니라 과거의 환영(이 또한 괴이하기 짝이 없다)이 폭발해 베라를 겁간한다. 그러다 마침 귀가한 로베르트가 권총으로 제카를 살해한다. 베라는 이때부터 밀실에서 해방된다.

더 이상의 내용 설명은 생략하겠다. 얽히고설킨 관계의 미로가 이 영화의 중심 줄거리인 만큼 영화를 보면서 퍼즐 맞추듯 꿰어보는 재미도 있다. 뭐 이런 막장스러운 내용일까 싶지만, 온전하고 무난해 보이는 가족 관계도 들여다보면 내적인 갈등과 심리적 내분에 의한 미로가 심심찮게 발견될 때가 있다. 그러나 대개 감추거나 외면하거나 경시해온 상처들을 통해 드러나는 민낯은 대체로 참혹하게 뒤틀려 있다. 알모도바르의 영화에서 자주 등장하는 괴이한 가족 관계는 아무렇지도 않아 보이는 일반 가족의 내적 혼란, 그리고 제도적으로 규정된 가족 질서가 어떤 식으로 사람의 기본적 욕망과 본성을 통제하는지 역설적으로 보여주는 장치에 불과할 수도 있다.

사람은 몸이 감옥인 만큼, 모두가 죄인이고 상처받은 자이

피부 안쪽은 자유의 세계이자,
들어갈 수 없는 영원한 미지이다.

고 가해자이고 피해자이다. 역시 서두에 언급한 전제에서 파악하자면 그렇다는 거다. 피부는 사람을 외부와 경계 짓는 일종의 괄호와도 같다. 피부 바깥은 모두 타인이고 외부이다. 그렇다고 피부 안쪽이 온전한 자신인 것도 아니다. 피부는, 그리고 그것에 둘러싸인 사람의 몸은 스스로가 아닌, 세계 및 타인의 시선에 의해 감금된 자의 최전선이자 최후 방어선이다. 피부에 큰 상처가 나면 외부의 시선을 의식하게 된다. 반면에 피부 때문에 가려진 상처는 그 누구도 주목하지 않는다. 피부 안쪽은 자유의 세계이자, 들어갈 수 없는 영원한 미지이다. 피부 안쪽의 경계가 무너지면 사람은 죽는다. 사람은 산 채로 자신의 내장을 볼 수 없는 거다.

욕망은 욕망이기 때문에 좌절된다

노르마가 비센테와 숲으로 가면서 걸치고 있던 하이힐과 카디건을 벗어던지는 장면이 있다. 노르마가 말한다. "다 벗어버리고 싶어. 옷을 입고 있으면 밀실에 갇혀 있는 것 같아!" 그러면서 비센테와 사랑을 나누려 한다. 그러다가 비센테가 자신의 몸 안으로 들어오려 하자 갑자기 발악한다. 피부 안쪽으로 틈입되는 타인의 육체. 벗어버리려 했던 몸이 완강히 닫히는 상황. 곱씹어보면 영화 속 모든 인물이 그러하다. 사랑받고 싶어하고 사랑하려 하나, 그 자신의 신체적 정신적 한계와 경계 탓에 스스로를 변형하거나 왜곡시키지 않으면 사랑도 복수도 불가능한 존재들. 가만히 벌거벗은 채 거울을 보자. 남자든 여자든 바로 그 이유로 상대를 탐하고 피차 저주하게 되는, 자신에게는 없지만 그렇기에 뭔가를 충동질하고 도발하는 몸의 어느 부위. 다른 쓰임새, 다른 모양으로 덜렁거리며 매달려 있는 그것이 혹시 욕망의 무기이자 욕망의 정점을 무력화하는 감옥의 걸쇠 같아 보이지는 않는가.

'다른 존재'를
'다르게' 보기

예수를 얘기한다는 것, 혹은 대부분 신자들이 믿고 따르며, 신자가 아니더라도 일반적으로 알고 있는 예수에 대해 '다르게' 말한다는 건 늘 논란의 소지가 많다. 예수가 신의 아들인지 사람의 아들인지, 또는 신과 사람 사이의 중개자인지 정체를 밝히려 드는 의도 또한 그러하다. 예수는 '말씀'을 통해 2,000년 동안 전 세계가 추앙하는 메시아라 기록되어 있다. 그러나 어쩌면 2,000년 동안 오해받았거나, 지나치게 찬미만 받아온 존재인지도 모른다.

예수, 인류의 선험적 자의식

이런 말은 사실 위험하다. 신자들의 돌팔매가 두려워서가 아니라, 모든 인간의 근본적 속성과 특징에 대한 전면적인 재고가 필요하다는 점에서 자칫 자신의 허물부터 까발리는 일이 될 수도 있기 때문이다. 예수는 인간이 가져야 할 기본 덕성과 윤리의식을 건드리는 존재다. 사후 2,000년이 넘었다는 점에서 거의 모든 인류의 선험적이고 원형적인 자의식을 자극한다고도 할 수 있다.

신이라면 신인 만큼, 그리고 사람이라면 사람인 만큼 예수는 다층적인 믿음과 다채로운 해석이 가능한 인물이다. 그런 존재에 대해 '다르게' 생각하고 말하게 된다는 건, 모든 비판과 질타에도 불구하고, 필연일 수밖에 없을지도 모른다. 그런데 그러한 '필연'을 수행하는 사람에겐 언제나 고난이 닥친다. 마틴 스코세이지 감독의 〈그리스도 최후의 유혹〉은 그 고난을 대표하는 문제작으로 기록되어 있다.

그리스 소설가 니코스 카잔차키스가 1953년에 발표한 동명 소설이 원작이다. 성경을 바탕으로 했으나 소설적 상상이 많이 가미된 대작이다. 그리스도를 인간의 애욕과 분노, 슬픔 등에 사로잡힌 인물로 표현한 탓에 발표 당시에도 엄청난 논란을 불러일으켰다. 동방정교회 측으로부터는 작가가 사망할 때까지 호된 비판에 시달려야 했다. 시작부터 나사렛의 젊은 목수 예수가 환상과 환청, 악몽에 바들바들 떠는 장면이 나온다. 인간적 분열과 고통이 몽롱하게 펼쳐지는 것이다. 종교계의 비판에 카잔차키스는 이렇게 대거리했다.

"신부님들은 저에게 저주를 내리셨지만, 저는 여러분들에게 축복을 기원합니다. 여러분들의 양심이 저만큼 깨끗하고, 또한 저만큼 도덕적이고 종교적이길 바랍니다."

예수의 수난, 영화의 수난

영화도 원작과 다를 바 없는 수난을 당했다. 상영 금지 조처를 내린 국가가 그리스, 튀르키예, 멕시코, 아르헨티나, 칠레, 필리핀, 싱가포르 등 7개국에 달했다. 주로 가톨릭이나 개신교를 믿는 나라들이다. 한국에서도 상황이 별반 다르지 않았다. 1988년 수입됐으나 여러 기독교 단체들(가톨릭에선 별다른 저항이 없었다)에 의해 거의 테러 수준의 핍박을 당하다가, 1998년에야 심의가 풀려 2002년 〈예수의 마지막 유혹〉이란 제목으로 개봉됐다. 영화사 창고에 처박혀 있다가 14년 만에 '부활'한 셈이다.

영화는 원작의 내용과 주제를 그대로 따르되, 디테일에서 여러 차이가 있다. 대표적인 게 예수(윌럼 더포)가 십자가에 못 박혔을 때 등장하는 소녀다. 소녀의 유혹에 넘어가 예수가 십자가에서 내려와 사람의 삶을 다시 살게 되는데, 원작에서는 흑인 소년이 등장한다. 〈택시 드라이버〉(1976)의 각본을 쓴 폴 슈레이더가 각색했는데, 가뜩이나 논쟁적인 주제를 다루면서 미국 사회에 만연한 인종주의적 편견과 혐오를 저어한 게 아닐까 싶다. 그러면서 원작과 뉘앙스가 사뭇 달라진다. 흑인 소년이 등장할 때엔 '유혹자'로서의 악마 이미지, 이를테면 외견상의 선입견으로 인해 부가되는 이단과 이질의 성향이 강해지지만, 백인 소녀가 등장하면서 인간적인 유혹 혹은 성적인 금기를 넘어서는 함의가 더 분명해지기도 한다. 물론, 흑인 소년과 백인 소녀라는 설정에서 유추해볼 수 있는, 그야말로 일반적인 선입견에 기대어 해보는 말일 뿐, 선입견 자체에 대한 옹호는 아니다. 원작의 영화적 변형에서 고려하게 될 법한 의도를 따져봤을 따름이다.

예수가 태어나 자라고 광야를 방황하고 열두제자를 이끌고 고행하는 내용은 익히 알려진 바와 크게 다르지 않다. 하지만 그 과정에서 매음굴에 들르고 환몽에 시달리는 등 허구로 가공된 예수의 행동이 신자들을 분노케 한 것으로 알고 있다. 영화에서 예수는 매우 불안정하고, 때론 나약하고, 때론 괴팍한 성정의 인물로 묘사된다. 윌럼 더포가 가진 배우로서의 독특한 특징을 예수의 탈을 씌워 제대로 표현했다 여겨진다. 문제(?)는 그러한 예수가 피투성이 상태로 십자가에서 내려오면서 불거진다.

십자가에서 내려온 예수는 어떻게 다시 사는가

소녀의 유혹은 이렇다. "당신은 메시아가 아니다. 하느님은 이미 그동안 당신이 행해온 것들로 만족하고 계시니, 이제 인간으로서 행복해지길 바라신다." 유혹에 이끌린 예수는 나무와 새들이 풍성하게 어울려 노는 신비한 세계, 이전에 살았던 돌투성이 광야와는 완전 딴판인 세상으로 나아간다. 전혀 다른 생기와 따뜻한 햇빛이 넘치는 세상. 거의 초현실에 가까운 풍광이 예수를 사로잡는다. 그곳에서 예수는 막달라 마리아(바버라 허시)와 재회한다. 둘은 결혼한다. 십자가에 매달리기 이전엔 느끼지 못했던 행복이 밀려온다. 그러다가 마리아가 아이를 갖자 야훼가 마리아를 데려간다. 아내를 빼앗긴 예수는 분노한다. 그러자 다시 소녀의 유혹. 새로운 여자를 만나라는 것이다. 그렇게 다시 두 명의 아내를 맞아들인 예수는 아이들을 낳고 수십 년을 더 살게 된다.

성경을 바탕으로 재구성되는 이러한 허구는 예수라는 존재가 피와 살을 가진, 그렇기에 인간적 욕망과 고뇌에 시달릴 수밖에 없는 평범한 사람이자, 그러한 인간적 속성에 승복하여 신의 훈령을 배반하는 운명에 사로잡힌 자임을 보여준다. 예수가 사람이라면 누구에게나 상상 가능한 삶의 양태이고, 예수가 정말 신의 아들이라면 불경한 내용이 아닐 수 없다. 영화는 그런 예수를 미화하지도 찬양하지도 않는다. 예수의 면모를 비난하거나 왜곡하지도 않는다. 원작에서건 영화에서건 예수가 정말 사람이었으면 이랬을 수도 있지 않았을까, 라는 가정에서 출발해 이전엔 잘 따져볼 수 없었던 신의 실체에 대해 새로운 질문과 해석을 던질 뿐이다.

'다른 존재'는 늘 '다르게' 볼 수밖에 없다

예수도 마리아도 당대엔 뭇사람들에게 돌 맞는 존재들이었다. 로마인들의 핍박과 비난은 로마인 고유의 율법과 그로 인한 편견에 의한 것이라 할 수밖에 없다. 예나 지금이나 어떤 사람에 대한 평가와 시선은 당대의 지배적인 사고방식과 관습, 법률 체계 등의 일면을 반영할 뿐이다. 그런 한정적인 잣대 아래서 누구를 죄인으로 만들고, 다른 누구를 성자로 추켜세우는 건 그 어떤 절대성도 지니지 못한다. 예수는 당대에 채찍질과 십자가를 감수해야 하는 죄인이자 '다른 존재'였다. '다른 존재'가 죄인 취급받는 건 어느 시대, 어느 사회에서나 흔하다. 그런 존재에 대해 '다르게' 판단하고 바라보는 것 역시 누군가에겐 필연적인 책무일 수 있다. 돌 맞을 때 맞더라도 생각하는 바, 상상하는 바를 적극적으로 개진하여 실천하는 것. 그런 이들에게 돌은 때로 스티로폼보다 가볍고 연약한 물질이 되기도 한다.

예수는 인류의 가장 큰 알레고리로 여태 작용해왔다. 실존했던 인물이지만, 모든 역사적 인물이 그렇듯 절대적인 숭앙이나 절대적인 비판도 공히 사실과 적확하게 들어맞을 수는 없는 법이다. 믿고 싶은 대로 믿고, 보고 싶은 대로 보게 되는 것도 인간의 유구한 속성이다. 때문에 믿고 싶지 않은 것을 믿어야 하고, 보고 싶지 않은 것을 마주하게 될 때 인간은 고뇌하거나 사악해지거나 절망에 빠질 수도 있다. 그리고 그 균열 자체가 신이 만들어낸 인간의 기본 구조이다. 그 모든 굴레와 모순 속에서 비로소 인간은 인간다워지고 신의 진짜 얼굴을 알현하게 된다.

인간은 나면서부터 유혹당하는 존재다

그런 차원에서 〈그리스도 최후의 유혹〉은 진지하게 자신의 본능과 도덕, 신성과 사욕 등과 사투할 수밖에 없는, 모든 인

내가 아닌 자, 나와 다른 자, 그러면서 똑같은
사람 앞에서 정말 당신 자신으로 그 사람을
껴안을 수 있는가.

간에게 던져지는 가장 기본적인 유혹을 다룬 영화라 할 수 있다. 당신이 지금 누군가를 사랑한다면 더욱 그럴지 모른다. 내가 아닌 자, 나와 다른 자, 그러면서 똑같은 사람 앞에서 정말 당신 자신으로 그 사람을 껴안을 수 있는가. 만약 그럴 수 있다면, 신은 항상 당신 편일 것이다. 그러지 못한다 하더라도 신은 결국 당신의 어떤 모습을 벌하거나 끌어안을 것이다. 상충이고 모순인가. 그래, 이 자체가 모든 인간이 나면서부터 부여받은 무시 못할 '유혹'이라 여기자. 선택은 물론, 각자의 몫이다.

'개'라고 쓰고
'신'이라 읽는다?

'Dog'는 당연히 개를 뜻한다. 초등학생도 알 거다. 거꾸로 읽으면 'God', 즉 '신'이다. 초등학생도 하지 않을 말장난일 거다. 난데없이 무슨 헛소리인가 싶을 수도 있겠다. 개는 사람을 잘 따르는 동물이다. 위기에서 사람을 구해내는 사례도 허다하다. 신은 사람 위에 군림하는 존재라 여겨진다. 'Dog'를 'God'이라 읽으면 그 수직 관계가 뒤집힌다. 일단, 말장난은 여기까지다.

악으로 가득 찬 세계에서
신이 존재하지 않는다면

뤽 베송 감독의 〈도그맨〉을 보고 나서 빅토르 위고나 도스토옙스키가 떠올랐던 건 직업병의 발로인지 모른다. 고통과 불행 속에 허덕이던 자가 구원을 희구하고 실천한다는 차원에서일 거다. 사람들에게 소외된 자가 자신만의 방식으로 세상에 복수한다는 내용은 빅토르 위고의 《웃는 남자》를 떠오르게 한다. 《웃는 남자》는 '조커'의 원형이기도 하다. 〈도그맨〉은 토드 필립스 감독의 〈조커〉(2019)와 분위기가 슬쩍 비슷한 데가 있다.

악으로 가득 찬 세계에서 신이 존재하지 않는다면 살인도 가능하다는 명제는 도스토옙스키가 19세기에 《죄와 벌》에서 던졌던 화두다. 〈도그맨〉의 주인공 더글러스(케일럽 랜드리 존스)는 어떤 부류의 사람들(대개 남성)에게 폭력을 일삼고 살인마저 서슴지 않는다. 주로 개들을 통해서이다. 더글러스는 100여 마리의 개와 함께 생활하는 하반신 불구 장애인이다. 휠체어를 타고 움직이지만, 가끔 일어설 때가 있다. 카바레에서 여장을 하고 노래할 때다.

더글러스는 에디트 피아프의 〈라 풀La Foule〉(군중)을 기가 막히게 부른다. 그게 그의 유일한 사회적 밥벌이 수단이다. 폐교가 된 고등학교 건물에서 개들과 살기엔 턱없이 부족할 테지만, 그에겐 또 다른 생계 수단(?)이 있다. 개들이 부잣집에 침투해 귀금속을 훔쳐오는 것이다. 더글러스는 그 행위를 '부의 재분배'라 일컫는다. 돈에 미쳐 돌아가는 세상에 중지를 치켜올리는 행동이랄 수도 있는데, 그걸 고백하는 더글러스의 표정은 천연덕스럽기만 하다. 영화 전체가 음울하고 비장하기보다 유머러스하고 귀엽게 여겨지는 요인이기도 한데, 무엇보다 귀여운 건 당연히 개들이다.

120분 동안의 충직한 '개판'

뤽 베송 감독은 이 영화에 총 124마리의 개가 출연한다고 인터뷰에서 밝혔다. 사육사만 25명이 동원됐다고 한다. CG는 일절 사용하지 않고 오로지 개들의 숙련된 연기만으로 촬영했기에 말 그대로 즐거운 '개판'이었다고 한다. 애견인이라면 눈이 혹할 정도로 다종다양한 개들이 다종다양한 표정과 액션으로 영화 전체를 이끌고 간다. 개가 사람에게 목줄을 매달아 끌고 가는 영화랄까. 사람(가족)에게 버림받은 더글러스는 개들의 신이다(God Dog?).

더글러스는 투견을 업 삼아 개들을 사육하는 폭력적인 아버지 아래서 자랐다. 형 역시 아버지를 닮아 폭력적이고 잔인하다. 그러면서 늘 주(그리스도)에게 기도한다. 개들에게 먹이를 줬다는 이유로 아버지는 더글러스를 개 우리에 가둔다. 유럽 음악을 들으며 요리하기를 즐기던 어머니는 아버지의 폭력을 참다 못해 집을 떠난다. 더글러스는 개 우리에서 그야말로 개처럼 자란다. 개들이 그의 친구이자 부모이자 선생이 된다. 그러다가 분노한 아버지의 총에 맞아 척추 불구가 된다. 개들의 기지로 경찰이 몰려와 더글러스는 구출된다.

이후, 그는 보호소를 전전하며 자란다.

여성인지 남성인지, 사람인지 동물인지

보호소에서 더글러스는 살마(그레이스 팔마)라는 연상의 연기 선생을 알게 된다. 더글러스는 그녀에게서 셰익스피어를 배우게 된다. 살마와 함께 무대에 오른 어린 더글러스는 연기를 통해 자신의 진정한 능력과 잠재력을 깨닫는다. 그러다 살마를 사랑하게 된다. 하지만 살마는 얼마 후 브로드웨이 무대에 오르는 스타가 된다. 성인이 되어 살마의 공연에 찾아간 더글러스는 그녀가 다른 남자와 사랑에 빠져 임신 중임을 알곤 절망한다. 더글러스는 자신이 이 세계에서 또다시 버림받았다는 생각에 사로잡힌다. 그러나, 아니 그렇기에 그에겐 개들이 더욱 소중한 존재가 된다.

이 정도가 이 영화의 전사全史다. 더글러스가 모종의 살인 사건에 연루되어 경찰에게 연행되는 장면으로 영화는 시작한다. 핑크색 드레스를 입은, 온몸에 핏자국이 묻어 있는 괴이한 몰골의 여장 남자. 상술한 내용은 더글러스가 정신상담의 에블린(조조 T. 깁스)에게 털어놓은 이야기다. 경찰은 그를

'어디'로 분류해야 할지 몰라 에블린을 불렀다고 말하는데, 그 '어디'라는 게 더글러스의 기묘한 사회적 정체성을 반증한다.

여자인지 남자인지, 정상인인지 정신병자인지, 심지어는 사람인지 동물인지 헷갈릴 만도 하다. 그만큼 더글러스는 사회가 규정하는 모든 규칙과 경계를 넘어서거나 비켜선 존재다. 이를테면 '다른 존재'이고 기존 분류 방식으론 정체성을 특정할 수 없는, 일종의 '괴물'이다. 그가 저지른 일 또한 인간의 윤리나 법적으론 처벌받아 마땅하지만, 더글러스는 여전히 천연덕스럽고 당당하다. 법의 편, 사회의 편에서 더글러스를 조사하고 판단해야 하는 에블린의 마음이 슬슬 흔들리기 시작한다. 더글러스는 의외로 순순히 에블린에게 자신의 모든 걸 설명한다. 일말의 주저나 죄책감마저 내비치지 않는다. 영화는 더글러스 스스로가 자신의 삶을 구술하는 내러티브 구조로 흘러간다.

견공들아, 셰익스피어를 읽어볼래?

불행과 고통에 시달리던 존재가 다른 이에게 자신의 내막을 고백하는 건 쉬운 일이 아니다. 더글러스는 개들과 자라면서도 인간으로서의 정체성을 버릴 수 없는 존재다. 당연히 인간의 삶을 살아야 하나, 인간 사회에서 그를 받아주는 이는 드물다. 그는 하반신 불구뿐 아니라, 치명적인 정신적 내상까지 끌어안아야 하는 운명을 짊어진 인물이다. 생물학 석사까지 땄지만, 그가 일할 수 있는 곳은 없다. 유일하게 그를 받아준 곳이 드랙퀸 분장으로 쇼를 하는 카바레다. 카바레 주인조차 그를 냉대하지만, 동료 드랙퀸들이 그를 환영한다. 그곳에서 노래하며 더글러스는 자신의 능력을 발견하고 스스로를 구원한다.

더글러스는 셰익스피어의 모든 작품을 암송할 줄 아는 인물이다. 셰익스피어는 인간의 모든 오욕칠정을 그 어떤 심리학자의 관찰보다 첨예하게 꿰뚫은 작가였다. 둥그렇게 모여 앉은 개들에게 더글러스가 셰익스피어를 읽어주는 장면은 이 영화가 지닌 푸근함을 대변한다고 할 수 있다. 개든 인간이든 고통은 상시적이고 지난하다. 그것은 인간의 한정된 언어로 다 표현하지 못할 생명체의 궁극이기도 하다. 더글러스는 비록 개들에게 글을 읽어주지만, 그가 전해주는 건 인간의 말이 아니라 생명체가 지닌 어두운 진실과 고통받는 모든 것들에 대한 위로와 찬미일 것이다.

더글러스는 비록 개들에게 글을 읽어주지만,
그가 전해주는 건 인간의 말이 아니라 생명체
가 지닌 어두운 진실과 고통받는 모든 것들에
대한 위로와 찬미일 것이다.

이 영화가 모종의 영적 구원을 다루고 있다면 바로 그 점에서이다. 개들의 도움으로 구치소를 탈출한 더글러스가 교회 십자가를 자신의 그림자인 양 짊어지고 쓰러지는 장면은 보기에 따라 과장된 수사처럼 여겨질 수도 있다. 하지만, 온갖 폭력과 소외를 버텨내고 스스로 일어서는 자의 냉혹하고 처절한 결기를, 그 어디에도 실체로서 드러나지 않는 신의 입김 안에 불어넣으려 하는 행위의 절박함은 높이 살 수밖에 없다.

신의 목줄은 사람 하기 나름

개들은 제힘으로 일어섰다 다시 드러눕는 더글러스의 주위를 둘러싼다. 그는 정녕 일어서기도 하고, 재차 쓰러지기도 하는 존재가 된다. 개들은 그런 사람을 믿고 따른다. 이런 대사도 나오지 않던가. "개의 결점은 딱 하나, 사람을 믿는다는 것"이라고. 사람도 다르지 않을 거다. 무언가를 믿는 순간, 그 '무언가'(가족 등)가 자신의 적이 되는 상황이 이 영화의 시발이기도 하다. 〈도그맨〉은 개에게 투사된 인간을 얘기하지 않는다. 다만, 인간이 왜 개만도 못한 존재가 되고 있는지, 그리고 그러한 존재를 신이 어떻게 징벌하거나 구원하는지, 충실하고 상냥한 개소리로 경고할 뿐이다. 신의 목줄은 결국 사람이 지켜내야 할 사명에 의해 헐거워지거나 단단해지는 법이라고. 멍멍.

한니발 라이징
Hannibal Rising

소년은 왜
괴물이 될 수밖에 없었나

피터 에버, 2007

어쩌면 영화에 대한 얘기보다 소설에 대한 언급이 더 많을 수도 있겠다. 원작 소설을 바탕으로 만든 영화가 원작보다 뛰어난 경우가 드물다는 통례를 반복하게 될지도 모른다. 소설은 영화보다 이면이 더 넓고 깊다. 언어로 쓰여진 걸 독자가 상상하며 읽게 될 수밖에 없으므로 당연한 일일 거다. 반면에 영화는 소설 속 인물이나 사건의 표면을 영상으로 긁어낸다. 그래서 표면이 분명해지지만, 그래서 상상의 폭이 더 제한된다.

영화는 왜 소설보다 얕거나 짧거나 허술한가

표면들의 연쇄 작용이 더 깊은 이야기를 만들어낼 수도 있다. 그걸 소위 '영상의 깊이'라고 치자. 하지만 서사 줄기에 더 많은 비중을 두는 영화는 깊이(내적 필연성이라고 하자)마저 표면에 떠 휘발되기 마련이다. 요컨대 인물이나 사건의 필연성을 외적으로, 그리고 설명적으로 제시해야 하는 경우가 많은 것이다. 그럴 때, 인물의 내면을 적실하고 설득력 있게 묘사하는 일이 그리 녹록지만은 않다. 원작 소설을 미리 접했을 경우, 그 오차와 낙차는 더 커진다. 인물의 정체성은 영화적 전형성을 걷어내기 힘들어지고, 사건은 상투적으로 나열

되어 거의 억지로 결말에 꿰맞춰지기 일쑤다. 내겐 피터 웨버 감독의 〈한니발 라이징〉도 그런 영화에 속한다.

조너선 드미가 감독한 〈양들의 침묵〉(1988) 이후, 한니발 렉터라는 가공할 캐릭터는 전 세계적인 열풍을 일으켰다. 연이어 영화 시리즈가 제작되었으며 드라마로도 만들어져 공포와 매혹 혹은 공포의 매혹이라는 독특한 존재감을 발휘했다. 물론, 영화 시리즈에서 렉터 역을 맡은 앤서니 홉킨스의 우람한 카리스마와, 드라마에서 열연한 마스 미켈센의 매력이 큰 몫을 했다고도 볼 수 있다. 하지만 천재적인 두뇌와 고아한 예술 취향, 모든 감각이 평균적 인간의 밀도 이상으로 발달해 살인과 식인마저 서슴지 않는 존재를 그토록 우아(?)하고 개연성 있게 그려낸 원작자 토머스 해리스의 필력을 우선 치하(?)해야 할 것이다.

〈한니발 라이징〉은 2006년 발표한 원작과 거의 동시에 제작되었다. 토머스 해리스가 직접 각본에 참여했다. 이전 한니발 시리즈의 전사前史, 즉 프리퀄이라 할 만한데, 한니발 렉터의 어린 시절을 바탕으로 어떻게 그러한 괴물이 탄생했는지를 밝히는 내용이다. 시작은 2차대전이 한창이던 때로 거슬러 올라간다.

천재 소년이 스스로 감춰버린 암흑

한니발 렉터는 14~15세기 잘기리스 전투에서 사로잡은 포로들로 리투아니아에 거대한 렉터 성을 쌓아 올린 '잔인한 한니발'의 8대손으로 태어났다. 침착하고 명민한 소년 한니발은 귀족 교육을 받으며 성장한다. 한니발에겐 미샤라는 여동생이 있다. 한니발은 미샤를 지극히 사랑한다. 부모님은 온화하고 아이들을 무척 아낀다. 소년 한니발은 가정교사가 깜짝 놀랄 만큼 뛰어난 두뇌를 지녔는데, 그림과 물리학에 천재적인 재능을 일찍이 발휘한다. 그런데 영화에는 이런 내용이 전혀 나오지 않는다. 그러다가 2차대전의 화마에 휩쓸린다.

리투아니아는 독일군과 소련군이 번갈아 점령하며 카오스 상태에 빠진다. 렉터 성의 가족들은 성을 버리고 깊은 산속 사냥용 산장으로 피신한다. 그 와중에 독일군에 의해 하인이 여럿 살해당한다. 산장으로 피신한 렉터 가족도 독일군과 소련군의 전투 와중에 모두 사망한다. 불타 죽는 어머니의 모습이 어린 한니발에게 깊은 상처로 각인된다. 그런데 정작 렉터 집안을 끝장으로 몰살시키는 건 독일군이 아니다. 전황에 따라 독일군에 붙었다가 소련군에 붙었다가 하는 그루타스(리스 이반스) 일당이다. 거의 산적 수준으로 전락한 그들은 한니발과 미샤만 남은 산장을 급습한다. 진짜 악몽은 이때부터다.

그루타스 일당은 오래 굶주린 상태다. 먹을 수 있는 건 무조건 물어뜯는다. 죽은 새마저 깃털째 입안에 욱여넣을 정도다. 마침 한겨울이다. 결국 먹을 만한 게 없어진다. 일당은 두 어린아이에게 눈을 돌린다. 아이들도 오래 굶은 건 마찬가지. 그루타스의 잔혹성은 극에 달했다. 다른 일당들도 광기에 휩싸인 상태. 미샤가 그들의 먹이가 된다. 한니발이 미샤를 구하려 발버둥치지만, 한낱 어린아이에 불과하다. 그러다가 한니발도, 이야기도 코마 상태에 빠진다. 죽음보다 끔찍한 악몽이었지만, 그 내용이 심연 속에 갇혔다. 그 심연에서 비로소 괴물의 씨앗이 발아한다.

괴물은 침묵과 어둠을 먹고 자란다

한니발은 극적으로 살아나 전쟁이 끝나자 고아원에 수용된다. 악몽 이후 실어증에 빠진 상태. 하지만 밤마다 악몽에 시달린 땐 "미샤!"를 외친다. 고아원은 렉터 성을 개조한 건물이다. 한니발은 자신이 태어나고 자란 집에 고아가 되어 갇힌 것이다. 고아원에서 한니발은 문제적 인물이다. 저항과 구타와 또다시 저항. 한니발은 탈출한다. 삼촌 로버트 렉터가 살고 있는 프랑스로 향한다(이 지점에서 원작과 차이가 있다. 영화에선 이미 사망한 것으로 설정돼 있으나 소설에서 로버트 렉터는 생존하는 유명 화가다. 고아원장에게 뇌물을 먹여 한니발을 프랑스로 데리고 온다. 그러다가 모종의 사건 이후 급사한다).

로버트 렉터의 아내는 레이디 무라사키(공리)라 불리는 일본인이다. 한니발은 레이디 무라사키의 보호 아래 자라며 의학 공부를 시작한다. 꼬마에서 청소년이 된 한니발(가스파르 울리엘)에게 레이디 무라사키는 어머니이자 애인이자 미샤를 대체하는 유일한 애정 상대이다. 레이디 무라사키는 히로시마 출신으로 《겐지 이야기》의 저자인 무라사키 시키부의 10대손이다. 한니발은 그녀에게서 일본식 교양과 사무라이

정신을 학습한다.

모든 게 암흑 속에 갇혀 잔상만 남아 있는 상태에서 한니발은 의학과 그림, 그리고 무술을 단련한다. 그러면서 미샤가 죽을 당시, 스스로 코마 상태에 빠졌을 때의 기억을 되살리려 애쓴다. 기억의 난간 너머에 있는 그루타스 일당의 얼굴을 떠올려 복수하기 위해서다. 자신이 통과해온 지옥으로 스스로 귀환하는 것인데, 그 매개는 그림이다. 한니발은 수년 동안 기억의 더께에 갇혀 있는 그들의 얼굴을 종이에 스케치한다. 그리고 추적한다. 또 그게 천재 소년이 괴물로 변태變態하는 동인이 된다. 소설에선 한니발이 기억의 대동맥을 거슬러 가는 장면이 세세하게 그려진다.

예쁘게 '썩소'만 날리는 괴물이라니!

영화는 이후, 뻔한 슈퍼히어로 액션물 같은 설정들로 지리멸렬해진다. 뜬금없고 어설픈 오리엔탈리즘이라 비판받은 사무라이 정신에 대한 언급은 어이없을 정도다. 소설을 먼저 읽고 봐서 더 그럴 수도 있다. 소설 속에서 레이디 무라사키는 어색하지 않다. 내용과 불화하는 인물이 아니다. 죽음에 대한 인식에서, 그리고 자기정화와 수련이라는 의미에서 적절한 설정이라 할 수 있다. 한니발은 또 어떤가. 천재적인 두뇌와 재능이 스스로 체증에 걸린 영혼에 의해 괴물의 필살기로 둔갑해버리는데, 영화에선 그 내밀한 과정이 모두 생략된다. 그 '생략'으로 인해 괴물의 진정한 모습이 지워져버린다. 그저 미소년 가스파르 울리엘의 작위적인 악의만 예쁘게(?) 그려질 뿐이다.

어떤 인물이 설득력 있게 창조되려면 실제적 개연성 이상의 심리적 통찰이 선행되어야 한다. 흔히 알고 있는 한니발 렉터는 중년에서 노년으로 넘어가는, 그러면서 나이를 초월하고 인간을 초월하고 세상의 모든 윤리와 법률마저 초월한 인물이다. 그런 인물의 원형을 뒤늦게 설계한다는 건 어쩌면 애초부터 불가능한 일인지도 모른다. 그는 이미 전사前史도 후사後史도 넘어서 그 자체로 대중에게 깊이 각인된 일종의 영원한 표상이다. 대중에게 그는 차곡차곡 설계되어 가공된 순차적 인물이 아니다. 그야말로 난데없이 뚝 떨어진 기상천외한 악마일 뿐이다. 그러면서 여러 인간적 허점도 때로 노출하는 인물이다.

자신의 영혼을 스스로 잡아먹는 자,
그가 괴물이다

　그런데 그 허점은 그가 인간을 넘어선 존재이기 때문에 허점으로 보이는 것이지, 보통 인간이라면 모두 가지고 있는 빈틈이다. 하지만 대중은 그런 허점엔 눈감는다. 오히려 그렇기에 그 허점을 잘 파고들어야 악마의 실체가 더 확연히 드러날 수도 있다. 한니발이 괴물이 된 연유엔 소설에서도 영화에서도 공히 드러나는 하나의 분명한 힌트가 있다. 한니발은 그 명백한 사실을 거부하려 그루타스 일당을 죽이고 스스로 괴물이 되었을지도 모른다. 그 힌트가 궁금하다면 당연히 소설이든 영화든 살펴봐야 한다. 한니발은 실제로 레이디 무라사키를 여성으로 사랑했다. 한니발을 사랑하면서도 레이디 무라사키는 마지막에 담담하나 매몰차게 이렇게 말한다. "네게 사랑할 수 있는 마음이 남아 있는지 모르겠구나." 이것도 하나의 힌트다. 괴물은 결국 자신의 영혼을 타인의 육체인 양 마구 잡아먹는 존재일 거다. 이것도 나름 힌트라면 힌트다. 악마는 신의 과잉으로 누락된 결여가 아니라, 인간의 불완전성으로 과잉된 결여다.

"네게 사랑할 수 있는 마음이 남아 있는지 모르겠구나."

2

사랑 혹은 관계

드라이브
Drive

사랑하지만,
당신을 찌를 것 같아
떠나오

니콜라스 빈딩 레픈, 2011

스턴트맨이 위험한 장면을 대신 연기해주는 사람이라는 건 굳이 설명하지 않아도 될 것이다. 영화나 드라마에 등장하는 스턴트맨은 자기 자신을 숨기는 존재다. 주인공에게 부여된 육체적 고난을 대신 겪으면서 이름도 얼굴도 없이 나타났다가 사라지는 존재. 보통 사람보다 특별한 신체적 능력을 지녔지만, 자기 자신을 전면에 내세울 수 없는 무명의 인물. 그러면서 그 일로 먹고사는 사람. 모두 영화이기에 가능한 일이다. 그런데 만약 실제로 그런 일이 가능하다면 어떨까. 누군가 위험한 상황에 처했을 때, 자신의 존재를 감춘 채 위험한 일을 대신해주곤 유유히 사라지는 사람이 존재한다면?

스턴트맨은 과연 어떤 얼굴로 사는가

니콜라스 빈딩 레픈 감독의 〈드라이브〉는 언뜻 평범한 누아르 영화처럼 여겨지기도 한다. 갱 조직이 등장하고 자동차 추격 신 및 살인 장면도 꽤 살벌하다. 범죄 영화에서 필수라 할 수 있는 음모와 계략도 빠지지 않는다. 그럼에도 전체적인 분위기는 차분하고 고요하다. 플롯만 따지면 개연성도 설득력도 느슨한 편이다. 하지만 보는 이를 몰입하게 하는 기묘한 힘이 느껴진다. 일단 주인공인 라이언 고슬링 덕분이라고 해두자.

라이언 고슬링이 맡은 주인공은 이름이 없다. 크레딧에도 단지 'Driver'라고만 뜬다. 전사前史도 전혀 설명되지 않는다. 그저 어느 날 나타나 카센터에서 일하며, 스턴트맨을 부업 삼고, 가끔씩 범죄자들의 도주를 돕는 일을 할 뿐이다. 자동차에 관해서라면 1에서 100까지 훤히 꿰고 있으며 운전 실력은 타의 추종을 불허한다. 갱들에게 그는 '운짱'(물론 한국식으로 번역된 단어다)이라고만 불린다. 일개 운짱 주제에 갱단을 혼자 궤멸시키는 솜씨를 보면 과거에 어느 어두운 세계에서 한 가닥(?) 했던 인물일 것이라는 추측만 가능할 뿐이다.

이름도 과거도 없는 이웃집 슈퍼히어로?

운짱은 늘 표정이 없고, 필요한 말 외엔 거의 하지 않는다. 그러다가 같은 아파트, 같은 층에 사는 아이린(캐리 멀리건)과 그녀의 아들을 알게 된다. 처음 마트에서 맞닥뜨리고, 아이린의 차가 고장 나고, 운짱이 아이린을 도와주고, 엘리베이터에서도 마주치곤 하다가 이내 서로 호감을 가지게 된다. 아이린의 아들 베니치오에게도 좋은 이웃집 아저씨 역할에 충실한데, 아이린의 남편 스탠더드(오스카 아이작)는 감옥에 수감 중이다.

아이린이 운짱이 일하는 카센터에 고장 난 차를 가지고 오면서 이야기는 본격적으로 전개된다. 아이린을 대하는 운짱은, 영화 서두에서 교묘한 운전 솜씨로 헬기까지 동원한 경찰을 따돌리면서 범죄자들의 도주를 돕는 장면과 비교하면 전혀 다른 인물이라 해도 될 정도다. 선하고 수줍은 미소로 운짱은 아이린 모자와 함께 드라이브를 즐긴다. 사뭇 훈훈해질 것만 같은 분위기는 스탠더드가 갑자기 출소하면서 살벌하고 불안해진다. 스탠더드는 범죄 조직과 얽혀 있는 인물이었다.

이때, 아이린의 태도가 미묘하다. 운짱에게 여전히 호감을 느끼면서도 남편을 떠날 수 없다. 아예 다른 마음(?)은 접어 둔 듯한 태도다. 그럼에도 운짱은 결국 그들 가족의 사건에 휘말리게 된다. 스탠더드는 범죄 조직에 커다란 빚을 진 상태. 운짱은 좌고우면하지 않는다. 무조건 아이린을 위해 움직인다. 갱단과 접촉을 하고, 그들이 요구하는 일을 스탠더드와 함께 처리해주기로 한다. 이 자체가 갱단의 계략이다.

운짱은 뒤늦게 눈치채고 스탠더드는 살해당한다. 이제 운짱의 목표는 단 하나. 그 모든 폭력과 계략으로부터 아이린과 베니치오를 보호하는 것뿐이다. 그리고 결국엔 그들을 지켜낸다.

운짱은 살인도 서슴지 않는다. 그가 폭력을 행사하거나 범죄 조직을 위해 일할 때 꼭 걸치는 옷이 있다. 등에 노란 전갈 문양이 커다랗게 새겨진 은색 점퍼다. 그다지 세련되지도, 멋있어 보이지도 않는 그 점퍼가 운짱의 이중적인 모습을 상징한다는 건 불필요한 해석일 수도 있다. 하지만 그 점퍼를 보면 떠오르는 게 있다. 슈퍼히어로. 그 점퍼가 미국에서 창조된 그 많은 슈퍼히어로들을 풍자하는 듯한 느낌을 받았다고 해도 과장만은 아닐 거다. 슈퍼히어로는 인간의 한계를 뛰어넘는 능력을 가진 존재다. 불의와 부당한 폭력에 맞서 평범한 사람들을 대신해 싸워주는 존재.

"5분 안에 끝나지 않으면 손 떼겠다!"

감독의 의도까지 정확히 헤아려본 건 아니다. 하지만 운짱의 행동 방식이나 심리를 보면 그가 현실에선 불가능한 슈퍼히어로의 존재 방식을 아주 인간적으로 재현한 인물이라는 생각을 지울 수 없다. 운짱은 영화 초반 범죄자들의 도주를 도와주면서 이른바 '5분의 원칙'을 제시한다. '5분 안에 모든 게 끝나지 않으면 손 뗀다'는 거다. 운짱은 매사 그 원칙에 충실하다. 어떻게 생긴 원칙인지도 영화는 설명하지 않는다. 아이린과의 만남을 통해 그 원칙은 부각되기도 손상되기도 한다.

운짱이 아이린을 처음 만나 호감을 느끼는 데 5분도 채 걸리지 않는다. 물론, 심리적 시간은 다른 식으로 흐를 수 있다. 아이린의 남편이 출소하면서 운짱이 뭔가(굳이 설명해야 할까)를 포기하는 데에도 5분이 걸리지 않는다. 그럼에도 운짱은 끝끝내 아이린을 보호하려 든다. 아이린은 그에게 남은 유일한 삶의 명분처럼 작용하는데, '5분의 원칙'이 적용되는 듯한 또 다른 장면이 있다.

스탠더드가 살해당하고 갱단의 돈 가방을 탈취한 운짱이 아파트로 돌아온다. 그가 아이린에게 말한다. "돈은 내가 가지고 있어요. 베니치오를 데리고 같이 가줄 수도 있어요. 보살펴줄 수도 있고." 이 말 중간에 아이린이 운짱의 따귀를 올

무조건 자신을 아끼고 보호
하려 하지만, 그 사랑과 보호
자체가 독침으로 여겨지게끔
만드는 존재. 때로 그런 존재
는 사랑한다는 이유만으로
상대를 질식시킬 수도 있다.

려붙인다. 운짱으로서는 처음 내뱉는 고백이라 할 만한 상황이다. 아이린은 눈물을 머금고, 뭔가 모욕감을 느낀 것 같다. 운짱은 더 이상 아무 말도 하지 않는다. 아이린도 더 이상 말이 없다. 그때 엘리베이터 문이 열린다. 웬 남자가 타고 있다. 분위기가 심상찮다. 상황을 직감한 운짱이 아이린에게 키스한다. 아이린도 피하지 않는다. 직후, 남자의 재킷 안쪽에 숨겨진 총이 보인다. 운짱이 냉혹하게 남자를 처치한다. 아이린이 경악한다. 운짱의 실체를 처음이자 마지막으로 목격한 셈.

그의 뒷모습은 스스로를 찌르는 전갈의 꼬리

평범한 듯한 이 장면을 오래 곱씹게 된다. 아이린의 심리를 알 듯 모를 듯하다. 괴한을 처치하는 운짱의 모습에 질겁했다는 건 누구라도 납득 가능하지만, 그전에 운짱의 고백 어느 구석이 그녀를 화나게 했을까. 다시 돌려봐도 잘 이해가 되지 않는다. 복도에 마주 선 채 대화하는 운짱의 뒷모습만 선연할 뿐이다. 전갈은 운짱의 숨겨진, 어쩌면 더 실체에 가까운 모습일 수도 있다. 앞모습만 보면 수더분하고 멀끔한 얼굴이지만, 등에 전갈이 새겨지는 순간, 그는 뒤틀린 슈퍼히어로, 그러나 초능력은 불가능한 어둠 속 인물이 된다. 등에 자신의 어둠을, 그것도 살벌하고 잔혹한 본능을 숨긴 자. 그러면서 때로 여지없이 본색을 드러내는 자. 아이린은 그의 등에 새겨진 무시무시한 본성을 봐버린 걸까.

 사랑하고 싶지만, 결코 사랑할 수 없는 어떤 사람이 존재할 수 있다. 무조건 자신을 아끼고 보호하려 하지만, 그 사랑과 보호 자체가 독침으로 여겨지게끔 만드는 존재. 때로 그런 존재는 사랑한다는 이유만으로 상대를 질식시킬 수도 있다. 운짱 입장에서는 모든 게 5분 안에 분명해져야 한다. 그래야 다른 일을 할 수 있다. 그는 아마 확인받고 싶었을 것이다. 동시에 스스로 확신하고 싶었을 것이다. 등에 있는 전갈을 지우고 거기에 사랑하는 존재를 업은 채 평범한 한 남자로 사는 삶을. 하지만 아이린은 이미 알고 있었다. 그래서 사랑하면서도 사랑할 수 없었고, 그것이 너무 슬퍼 그의 뺨을 칠 수밖에 없다는 것을. 운짱은 어디론가 떠난다. 사랑도 범죄도 세상엔 너무나 흔하고, 너무나 뻔한 결말일 테니까. 그는 늘 그랬듯 또 다른 누군가의 위험을 대신 감수했을 뿐, 여전히 이름도 과거도 사랑도 없다. 그게 스턴트맨의 운명이니까.

북극의 연인들
Los Amantes Del Circulo Polar

두 눈 속에 담긴
한 사람

홍길동 펴냄 · 1998

사랑에 빠진 자는 가난해진다. 물리적 빈곤을 뜻하는 게 아니다. 영혼에 구멍이 나거나, 몸이 삐걱거리거나, 마음 둘 데가 갑자기 한없이 좁아지거나, 제어할 수 없이 광활해지기 때문이다. 그게 왜 가난인지는 겪어본 자는 알 거다.

사랑 자체가 일종의 상실일 수도, 결핍의 확장일 수도 있다. 내가 너를 사랑한다는 건 너에게서 나를 보고, 너를 통해 나를 넘어서며, 너로 인해 내가 다른 사람이 되기 때문이다. 참 풍요로운 가난이다. 풍요가 일종의 풍선 같은 것이라면 그것이 어떻게 금방 허공에서 사라지는지, 사라진 자리가 얼마나 거대하면서도 텅 비어 있는지 깨닫게 된다는 점에서 보이지 않는 무의 팽창이랄 수도 있다.

공은 어디에서 굴러 나왔는가

무의 팽창. 있었던 게 사라지는 게 아니라, 원래 존재하지 않았던 것이 불현듯 커다란 음영을 드리우며 삶의 중심 줄기에 놓이게 됨을 알게 되는 것. 사랑은 결국 결여의 결여이자 그것은 불완전한 충족이다. 누군가 그러지 않았던가. "사랑, 그 불가능한 죽음"이라고(문학평론가 김진수의 평론집 제목이다).

한 소년이 방과 후, 자신 앞에 굴러온 축구공을 쫓아 뛰어간다. 학교 밖으로 한참 뛰쳐나와 나무가 울창한 숲으로 들어간다. 공을 쫓고 있었으나 이내 웬 소녀가 뛰어가고 있다. 공은 사라지고, 소년과 소녀가 눈을 맞춘다. 소년이 소녀를 보지 못했다면, 그리고 소녀가 소년을 보지 못했다면 그 자리엔 여전히 어디로 굴러갈지 모를 공이 있었을 것이다. 그러나 공은 사라졌다. 아니, 더 큰 공을 만나게 된 것인가. 차라리 크기를 가늠할 수 없는 공 속에 갇혀버린 거라고나 말해야겠다.

소년의 이름은 오토Otto, 소녀의 이름은 안나Anna. 거꾸로 불러도 오토는 오토고, 안나는 안나다. 일종의 원이다. 끝내 나아가도 다시 그 자리고, 돌고 돌아 벗어나려 해도 역시 그 얼굴, 그 이름, 그 자리다. 오토의 부모는 이혼했고, 안나의 아버지는 사고로 세상을 떴다. 오토와 안나가 눈을 맞춘 후 둘의 부모가 또 눈이 맞아 결혼하게 된다. 안나는 오토에게서 죽은 아빠를 보고, 오토는 안나에게서 자신의 미래(?)를 본다. 그게 왠지 죽음일지 모른다는 예감은 불길하되, 어쩐지 온전하다. 사랑은 결국 미리 겪는 죽음과도 같으니까. 또는 영원히 불가능한 결합에 대한 우주적 해찰과도 같으니까.

훌리오 메뎀 감독의 〈북극의 연인들〉에서 오토와 안나를 연기하는 배우는 각각 세 명이다. 유년과 10대, 그리고 성인 시절. 직선적인 시간을 따라 유년의 배우가 10대를 거쳐 성인이 되는 패턴이 아니다. 세 명의 안나와 세 명의 오토는 시간 경계를 넘어 무시로, 번갈아 등장한다. 오토의 아버지 알바로와 안나의 어머니 올가는 시간이 지나도 같은 인물이다. 단순히 기술적 차원에서의 트릭 따위는 아닐 것이다. 각각 세 명이 연기하는 오토와 안나는 보면 볼수록 동일 인물 같아 보이는 반면, 알바로와 올가는 장면마다 다른 사람처럼 여겨지는 게 묘하다.

개인과 역사, 우주와 운명에 대한 해찰

훌리오 메뎀Julio Medem. 역시 거꾸로 불러도 같은 성姓이다. 그가 만든 영화 대부분이 우주와 대지, 개인과 역사를 커다란 원형 구조 안에 응축시키는, 인간 운명과 우주의 질서에 대한 통찰을 담고 있다. 〈북극의 연인들〉은 그의 영화 중 가장 소담하고 세밀한 작품에 속한다고 할 수 있다. 시간의 자디잔 잔물결 속에 파동 치는 인간의 심리와 감정들을 각각 다른 시간대에서 채집한 듯한 영상들로 퍼즐처럼 직조해낸다. 듬성듬성한 듯 꼼꼼하고, 말끔한 듯 혼란스럽다. 그럼에도 전체적으로 일관된다.

오토의 할아버지는 게르니카 학살 무렵, 나무에 낙하산이 걸려 매달려 있던 독일군을 구해준 적 있다. 오토는 독일말로 조종사를 뜻한다. 오토는 그 이름을 받은 거다. 성인이 된 오토는 우편배달 비행기 조종사가 된다. 국경과 이념, 폭력과 온정, 역사와 개인 등이 하나의 커다란 궤 안에서 거미줄처럼 엉켜 있는 듯한 훌리오 메뎀 특유의 전개 방식이다. 오토와 안나는 한집에서 살게 되지만, 그래서 이룰 수 없는 사랑을 부모 몰래 나누지만, 서로가 서로를 기억하는 방식은 여러모로 다르다.

똑같은 상황에 대한 각자의 기억이 다를 수밖에 없는 것도 인간의 어쩔 수 없는 본질적 특성이다. 사랑은 그렇기에 더 각별하고 선연해진다. 모든 게 정확한 원을 그리기 바라지만, 각자가 그린 원은 삐뚤빼뚤하거나 어느 마디가 찌그러질 수밖에 없다. 원이 완벽하다면, 사랑도 존재할 수 없다. 반복건대 사랑은 결여의 결여다. 결국 결핍 속에서 혼자 그린, 찌그러진 원의 반향인 것이다. 그 반향의 끝에 궁극의 원이 있다. 지구의 끝, 그리고 궁극 지점이 바로 북극 아니던가.

　사랑은 스스로 추워져서 스스로 누군가의 온기가 되려는 노력이다. 오토는 스페인을 떠나 핀란드에서 비행기를 조종한다. 안나는 어떤 늙은 선생과 결혼해 학교 선생 노릇을 한다. 상공을 날아다니는 오토가 내려다본 풍경은 그림엽서처럼 아름답지만, 사람이 살기엔 너무 추운 곳이다. 멀리서 바라볼수록 그리워지고 애틋한 무언가를 줄곧 환기시킨다. 그곳은 끝끝내 다가가지 못할, 삶의 마지막 지점에서야 만날 수 있는 모종의 극한과 절멸 지점이다. 살려면 삶을 '조종'해야 한다. 사랑은 어떤 점에서 그 '조종'의 오류이자 종말일지도 모른다. 완전히 그려지지 않은 원 안에서야 사람은 할 일이 생긴다. 어떻게든 원을 완성하기 위해. 그리하여 굳게 매듭지어진 더 큰 원 바깥으로 빠져나가기 위해.

사랑은 실패의 창조자

　삶은, 그리고 사랑은 완전한 실패에 다다르기 위한 노력에 불과할 수도 있다. 실패하고 또 실패하여야 마주할 수 있는 자신의 얼굴을 한없이 그리고 또 지우는 일일 수도 있다. 세상의 많은 예술가들이 그렇게 실패하고 실패하여 결국에 '실패의 완성'을 작품으로 남겼다. 사랑은 실패의 가장 훌륭한 오브제이자 본질이다. 실패의 붓이자 실패의 악기이고 실패하기 위한 분투, 그 열정의 불타는 거울이다.

오토와 안나. 안나와 오토. 둘은 뫼비우스이자 끝내 여며지지 않는 원의 마지막 선이며, 드러나지 않는 삶의 광활한 내면이다. 처음부터 엮여 있었기에 끝끝내 풀리지도 완결되지도 않는 극한에서 각자의 불꽃으로 서로를 비추는, 얼음 속에 갇힌 불과도 같다. 영화는 애초부터 극적으로 꾸며낸 개연성 따위 무시하고 시작한다. 그저 안나와 오토가 만나고 둘의 부모가 다짜고짜 결혼한다. 불을 붙인 순간, 꺼버리고 그 잉걸을 무시로 지펴 거대한 얼음을 녹이려 드는 듯하다.

처음부터 결말이 보이지만, 결말을 보고 나면 결말이 곧바로 또 다른 처음이 되는 원을 교묘하게 그려낸다. 슬프면서도 슬픔 자체를 관망하게 되고, 애틋하게 마음을 적시면서도 차갑고 명석하다. 그래서 옴짝달싹 못하고 설득당한다. 모든 비슷한 사랑 이야기가 다 담겨 있는 동시에, 전혀 다른 또 다른 사랑 이야기가 어디에선가 무수한 비누 거품처럼 피어오

커다랗게 뜨인 안나의 두 눈 속에 두 명의 오토가 있다.

르는 듯한 느낌. 다 봤지만, 아무것도 본 것 없이 그저 보는 이 스스로 가난한 상처투성이 사랑을 되씹게 만드는 영화.

두 눈 속에 담긴 한 사람

영화는 결국 모든 불가능의 실현이다. 그렇기에 더더욱 불가능한 삶의 어떤 영역을 더 크게 들여다보게 한다. 만남과 헤어짐을 반복하던 오토와 안나는 결국 마지막에 만난다. 그 만남이 어쩔 수 없이 또 다른 헤어짐임을 동시에 보여주면서. 그렇기에 또 어긋나버린 원의 마지막 점들을 반짝반짝 보여주면서. 커다랗게 뜨인 안나의 두 눈 속에 두 명의 오토가 있다. 한 사람이 보는 한 사람이 똑같은 형태의 두 개로 나뉘었다. 오토는 거꾸로 불러도 오토고 안나 역시 거꾸로 불러도 안나다. 누가 '조종'해도 이 삶은 결국 무언가의 시작과 끝의 반복일 뿐이다.

문득, 이상한 삼각형이 떠오른다. 동시에 한쪽이 열린 사각형도 떠오른다. 보이지 않는 공은 여전히 어디선가 굴러가는 중이다. 끝도 시작도 아닌 곳에서 튀어나와 끝이자 시작인 어느 먼 지점을 향하여.

라빠르망
L'Appartement

공중전화 시대의
사랑

필름포니, 1996

그레이엄 벨이 전화기를 발명해 특허를 낸 건 1876년이다. 모든 인류의 발명품이 그랬듯 전화기는 삶의 풍경과 방식을 혁명적으로 변화시켰다. 당시 전화기는 고정된 장소에서 또 다른 장소에 있는 사람과 직접 목소리를 주고받으며 소통하는 걸 가능케 했다. 그 이전까지는 전달하는 데 수주 또는 몇 달이 걸릴 수도 있는 편지가 주요 소통 매체였다. 전화기를 통해 시간과 공간의 거리가 좁혀진 것이다. 그로부터 100년 후, 장소가 어디든 원할 때면 언제든 소통할 수 있는 휴대전화가 발명되었다. 질 미무니 감독의 〈라빠르망〉은 바로 휴대전화가 일반화되기 직전 만들어진 영화다.

휴대전화가 손에 들리기 직전의 영화

어느덧 4반세기가 흐른 지금, 이 영화에서 드러나는 소통 방식은 언뜻 고루해 보인다. 주인공들은 전화기를 이용한 다양한 방식으로 연인 혹은 친구와 소통한다. 장소도 시간도 속이기 일쑤다. 속이는 이유는 다름 아닌 사랑 때문이다. 사랑을 이루기 위해, 또는 사랑에 방해가 되는 요소를 차단하기 위해, 때로는 그 사랑을 기만하고 이용하기 위해 그들은 거짓말을 꾸며낸다. 이 영화에서 오로지 진실만을 말하는 인물은 없다. 그들의 거짓말엔 악의도 선의도 없다. 오로지 사랑을 지키거나, 잃어버린 사랑을 되찾으려 서로를 기만할 뿐이다.

일본 출장을 앞둔 막스(뱅상 카셀)는 잘나가는 사업가다. 그에겐 결혼을 약속한 애인 뮤리엘이 있다. 출장 직전 한 카페에서 비즈니스 미팅 중 막스는 카페 안 공중전화 부스에 들른다. 안에서는 한 여인이 전화를 사용 중이다. 부스의 반투명 유리 바깥으로 여인의 실루엣이 비치고 목소리가 들린다. 막스는 흠칫 놀란다. 2년 전 사귀다가 갑자기 사라진 리자(모니카 벨루치)였던 거다. 이후, 과거의 기억이 현재의 막스를 순식간에 지워버리다시피 한다.

막스는 부스를 박차고 나가는 리자를 쫓아간다. 리자는 황급히 뛰쳐나가다가 자신의 아파트 열쇠를 흘린다. 그리고 힐 뒷굽이 부러져 잠시 쓰러졌다가 다시 일어나 카페 밖으로 달려나간다. 막스의 추적 실패. 이후 막스와 리자가 사귀던 시절의 기억들이 줄곧 인서트된다. 공연을 위해 이탈리아로 떠난 후 소식이 끊긴 리자. 그렇게 막스를 낙담케 했던 리자가 불현듯 막스의 새로운 현재가 되어버린다.

막스에겐 뤼시앵(장 필리프 에코페)이란 친구가 있다. 리자를 쫓다가 우연히 둘은 조우한다. 뤼시앵은 알리스(로만 보랭제)라는 여배우와 사귀는 중이다. 2년 전 뤼시앵은 리자에게 빠진 막스를 도운 적 있다. 막스는 일본 출장을 포기하고 뤼시앵의 집에 잠시 기거한다. 애인 뮈리엘에겐 이미 일본에 도착했다는 전화를 하다가 시차를 착각하는 실수를 저지르기도 한다. 막스는 리자가 흘린 열쇠를 들고 리자의 집에 잠입한다. 그러다가 한 여인을 알게 된다. 리자의 집에 리자가 아닌 다른 여인이 살고 있었던 것이다. 막스는 혼란에 빠진다. 그러다가 결국 그 여인과 사랑을 나누게 된다.

청춘의 밀어가 폭탄이 되던 화약고

언뜻 굉장히 혼란스러워 보이는 관계라 할 수 있다. 막스가 뮈리엘을 속인 건 일단 명백하게 드러난다. 뤼시앵과 알리스의 관계도 어딘지 불신이 가득해 보인다. 둘의 통화 내용은 한 번의 거짓말이 또 다른 거짓말을 불러들이는 일반적 패턴을 그대로 따른다. 역시 사랑을 지키기 위해, 그리하여 그 사랑이 진심임을 상대에게, 그리고 무엇보다 자신에게 설득시키기 위해 그들은 거짓말을 한다. 리자의 집인 줄 알고 숨어

들어간 집에 리자가 아닌 여성이 살고 있는 걸 확인한 막스 역시 미로에 갇힌 꼴이 된다. 리자는 사실 리자가 아니었던 건가. 리자의 집에 사는 이 여성과 나는 또 무슨 새로운 관계를 맺으려 하는 걸까. 뮤리엘에겐 어떻게 설명해야 하지. 뭐, 그런 갈등에 시달리게 되는 거다.

복잡미묘한 심리가 작용하는 애정 영화지만, 이 지점에서 영화는 기묘한 추리극 형태를 띤다. 열쇠와 구두, 자신의 장소와 행동을 숨기려 드는 통화, 스스로도 짚을 수 없는 특정 상대에 대한 마음 등이 미로의 복선으로 작용하게 되는데, 얽히고설킨 넷의 관계가 드러나는 순간이 이 영화의 핵심이라 할 수 있다. 네 명 중 이 모든 뒤엉킨 상황을 다 파악하고 있고 그로 인해 가장 큰 고통을 받게 되는 인물은 단 한 명이다. 그 또한 어떤 이에 대한 특별한 연심을 견딜 수 없어 다른 이를 기만하고 기어이 자신마저 속일 수밖에 없게 된다. 그리고 그것을 조장한 물건이 바로 공중전화다.

공중전화는 이제 거의 과거의 유물로나 남은 물건이다. 길거리에서 가끔 보게 되는 공중전화 부스는 일상 필수품이 아닌, 그저 거리를 꾸미는 작은 장식품처럼 여겨질 정도다. 〈라빠르망〉이 개봉할 당시만 해도 이렇지 않았다. 공중전화는 밤늦은 시각, 사랑에 빠져 비틀거리는 청춘들의 은밀한 속삭임의 거처였다. 때로 슬픔과 분노가 치밀어 부스를 주먹으로 내리치거나 발로 걷어차는 때도 있었다. 번화가 새벽녘의 공중전화 부스는 유리에 금이 가거나 깨져 있는 경우가 많았다. 소통과 밀어를 위한 작은 공간이 외려 소통되지 않고 오해와 아쉬움으로 폭발하는 화약고가 되어버리는 것이다. 요즘은 어떤가.

사랑은 기만의 알리바이?

휴대전화는 발신자 확인을 통해 언제 어떻게든 원하지 않는 얘기를 미리 걸러낼 수도 있다. 그런 식으로 상대에 대한 입장과 태도가 침묵으로 전달되기도 한다. 그러나 공중전화는 그렇지 않다. 상대가 누구인지 공중전화는 미리 알려주지 않는다. 그렇기에 마음만 먹으면 자신이 원하는 방향으로 상대가 움직이게끔 조종할 수 있다. 〈라빠르망〉에서 한 사람이 다른 사람의 마음을 얻기 위해 주변 인물을 이용하고 상황을 조작해내는 건 모두 공중전화를 통해서이다. '가짜 리자'는 그렇게 탄생했다. 막스와 헤어진 '진짜 리자'는 어느 유명한 재력가의 정부가 되어 있는 상태. 그러다가 '가짜 리자'를 통해 막스가 자신을 다시 만나고자 한다는 사실을 알게 된다. 2년 전의 마음이 리자에게 되살아난다. 뤼시앵과 알리사가 그 중간 매개 역할을 한다. 마음을 고쳐먹고 일본 출장을 떠나려던 막스에게 그 메시지가 전달된다.

막스는 갈등한다. '진짜 리자'는 설레는 마음으로 예전에 막스와 자주 거닐던 뤽상부르 공원에 도착해 있다. 모든 기만과 엇갈림과 오해와 착오 끝에 드디어 아름다운 재회를 하게 되나보다 싶은 기대가 보는 이마저 설레게 한다. 그렇지만 결국 막스의 선택은?

사랑, 그 엇갈림의 판타지

모종의 생각지도 못한 충격적인(?) 반전이 이때 일어난다. 내용상 처음엔 납득이 잘 안 갈 수도 있다. 그러나 어쩐지 저게 맞는 행동이겠구나 싶은 설득력도 만만치 않다. 그래서 수긍하려던 찰나, 또 한 번 모든 상황을 뒤엎는 반전이 일어난다. 이때는 정말 확 뒤통수가 아려오는 느낌이다. 막스가 결국 끌어안게 되는 한 여인. 과연 막스는 그 여인을 정말 사랑하는 걸까. 아니면 사랑하려고 애쓰는 걸까. 죽도록 사랑한다고, 그렇기에 무슨 수를 써서라도 끝끝내 붙들어두어 자신 곁에 있게 된 상대가 막상 알고 보니 정작 내 사랑이 아니었다는 뜻일까. 반대로, 결코 사랑하지 않았다고 발악하듯 상대에게도 자신에게도 우기던 것이 결국엔 더 큰 사랑의 행위였음을 스스로 받아들여야 하는 것일까.

영화가 끝나고 나서도 한 여인을 끌어안은 채 클로즈업된 막스의 눈빛이 여전히 뇌리에 떠도는 건 그 까닭일 거다. 그는 누군가를 사랑했지만, 누군가를 사랑하는 자신의 감정만이 중요했을 뿐, 상대가 누구였든 처음부터 그게 중요하진 않았던 걸 거다. 공중전화를 걸고 있는 반투명 유리막 속의 여인. 막스가 사랑한 건 바로 그 불분명한 자신의 판타지였을지도 모를 일이다. 사랑은 결국 불완전한 사람의 일이기에, 결국 스스로를 가두는 미로 속에서 엄한 곳으로 주파수를 날리는 고대의 유물과도 같은 것 아니겠나.

공중전화를 걸고 있는 반투명 유리막 속의 여인.
막스가 사랑한 건 바로 그 불분명한 자신의 판타
지였을지도 모를 일이다.

실비아
Sylvia

사랑도 시도,
죽음으로 정복된다

크리스틴 제프스, 2003

2004년 한국에 번역된 《실비아 플라스의 일기》(문예출판사)는 700페이지가 넘는다. 소녀 시절인 1950년(실비아 플라스는 1932년생이다)부터 죽기 한 해 전까지 쓴 일기를 모은 책이다. 소소한 일상부터 문학에 대한 열정, 내면적 고통 따위가 가감 없이 빼곡하게 적혀 있다. 그런데, 그게 다가 아니다. 10여 년 이상 쓰여진 일기의 원래 분량은 발표된 것의 세 배가 넘는다. 남편이었던 테드 휴즈가 자신에게 불리하거나 명예를 손상할 만한 내용들을 실비아 사후 임의로 걸러내 발간한 탓이다.

나약하지만 열정적인 두 시인의 만남

테드 휴즈는 실비아 플라스보다 두 살 연상이었다. 실비아가 영국에 유학 중일 때 서로 알게 되는데, 이미 그는 영국에서 유명한 시인이었다(나중에 영국의 계관시인이 된다). 시적 재능뿐 아니라 훤칠한 외모와 능란한 입담으로 여성들에게 인기가 많았다. 그에 비해 실비아는 스스로를 초라하다고 여기는 시인 지망 유학생이었다. 문학에의 열정과 사랑에 대한 갈망이 넘치는 20대 초반 여성이 낯선 곳에서 자기 자신을 스스로 섬기기엔 예나 지금이나 많은 제약이 있었을 것이다. 자신을 인정해줄 사람, 그리고 자신의 마음을 온전히 내어줄 사람을 갈구하게 되는 것도 당연한 일이다.

크리스틴 제프스 감독의 〈실비아〉는 두 시인의 만남과 헤어짐, 사랑과 죽음을 담백하고 섬세한 영상에 담은 영화다. 예술가의 전기영화들이 흔히 빠지기 쉬운 극적인 미화나, 스캔들에 초점을 둔 추문 들추기와는 거리가 멀다. 테드 휴즈 역할의 다니엘 크레이그와 실비아 플라스로 분한 귀네스 펠트로의 섬려한 연기 덕분이라고도 할 수 있다. 두 배우는 두 시인이 타고난 예민함과 광기, 나약하지만 열정적인 심성을 밀도 있게 재연했다. 자신들이 쓴 시구를 읊으며 대화하는 장면들이 꽤 있다. 배우들이 읊는 시구에서 삶의 어떤 단면과 속살이 들춰지는 느낌을 받는 경험은, 내 경우 그리 많지 않다.

시인을 다룬 영화에서 시적인 울림을 고스란히 전달할 수 있다는 건, 카메라에 포착되는 사물과 인물의 표정 등이 시구와 자연스럽게 호환한다는 뜻이다. 〈실비아〉는 그 점에서 시인의 우아하고 격렬한 영혼은 물론, 거기에 따르는 비참하고 암울한 삶의 표면을 조화롭게 병치시킨 영화라 할 수 있다. 인물들이 시를 읽을 때, 화면은 주변의 소소한 사물들까지 아우르는, 일견 평범해 보이는 미장센 속에 시의 은밀한 비의를 드러내는 한 폭의 그림처럼 여겨진다. 책으로 읽었던 시들이 영화 속에서 새로 쓰여져 재탄생한 느낌이랄까. 적어도 이 영화는 시를 제대로 이해했다고 해도 과언이 아니다.

화면 속에 시가 울린다

종이 위에 쓰인 채 그 뒤에 숨어 있는 시인의 얼굴을 직접 마주치게 되는 것은 때로 끔찍한 일이다(시인과 중국음식점 주방장 얼굴은 직접 보면 안 된다는 오래된 문단 속설은 그저 농담 삼아 참조하시라). 시를 쓰는 건 언뜻 우아하고 고상한 일 같지만, 그 이면으로 들어가면 일상의 난분분한 속내들이 설거지 안 한 주방처럼 어지럽게 널려 있기 마련이다. 시인이 마주하는 진짜 삶과 시의 비밀은 바로 거기에 있다. 그 난삽하고 혼란스러운 삶의 배면背面을 파헤치지 않으면 시가 써지지 않는다. 실비아 플라스는 바로 그 배면에게 삶의 표면을 잡아먹힌 시인이라 할 수 있다.

영화를 통해서든 실제로든, 테드 휴즈는 그녀의 우상이자 동반자로 시작해 결국엔 그녀를 배신하고 잡아먹는 지옥의 사령使令이 되어버린다. 소위 그 자체가 '문학적 사건'이라 일컬어지는 실비아 플라스의 삶은 자신 안에 내장한 지옥으로 말미암아 자신은 물론 타인까지 갉아먹은 자기분열의 연속이었지만, 그 시작과 끝엔 늘 남성이 있었다. 실비아 플라스의 아버지는 땅벌을 연구하는 독일 태생 생물학자였다. 그는 실비아가 아홉 살 때 사망한다. 이후 실비아의 삶에서 죽음은 무시무시한 강박관념이 된다. 어린 시절부터 수차례 자살 시도를 하게 되는데, 실비아는 "죽음을 겪고 나면 내가 부활하는 것처럼 느껴진다"고 말한 적도 있다(영화에서도 이 대사가 나온다).

축축하고 암울하게, 그리하여 적나라하게

죽음에의 몰두는 모종의 상실감과 자기비하의 발로인 동시에 다른 삶을 갈구하려는 욕망에서 기인한다고 볼 수 있다. 사랑이 커지면 커질수록, 그럼에도 그 사랑이 영원히 손에 잡히지 않는 불구의 마음임이 선연해질수록 어떤 이들은 죽음에 골몰하게 된다. 죽음으로써 사랑을 확인하려 하거나, 죽음을 통해 영원한 부재로 남는 사랑의 빈자리를 메우려 하는 것이다. 사랑과 죽음은 서로 꼬리를 문 채 결코 얼굴을 맞 닥뜨리지 못하는 두 마리 뱀과도 같다. 실비아는 그 둥그런 원환圓環에 대한 본능적인 육감에 사로잡힌 인물이었다.

　그에 반해 테드 휴즈는 이기적이고, 자신의 예민함만큼 실 비아의 예민함을 견디지 못하는, 명민한 듯 아둔한 남성이었 다. 겁쟁이나 비열한이라 욕먹어도 마땅할 정도로 옹색한 내 면이 영화에서도 선연하게 드러난다. 그런데, 그러한 옹색함 과 비열함이 시적 촉수가 되어 사물을 냉엄하게 관찰하는 시 선으로 작용하는, 묘한 역설도 체현된다. 과도한 여성 편력 에 빠졌던 남성 예술가들의 전형과 크게 다르지 않다. 어떤 의미에서 남성 예술가들은 자신 안의 야성과 마성을 여성을 매개로 표출하곤 입 닦아버리는 비열한들인지도 모른다. 침 대와 작업실이라는 두 개의 다른 세계를 오가며 그들은 자신 을 낭비하는 동시에 스스로를 고양시킨다. 둘 중 하나라도 결핍되면 그들은 곧장 어린아이로 퇴화한다. 실비아 플라스 뿐 아니라, 그러한 남성들의 이중 플레이(?)에 영육이 난도질 당한 여성 예술가들이 역사 속에 허다하지 않던가.

　〈실비아〉는 두 남녀의 그러한 갈등과 내적 혼란을 살금살

사랑과 죽음은 서로 꼬리를 문 채 결코 얼굴을
맞닥뜨리지 못하는 두 마리 뱀과도 같다.

금 떠내 함의가 풍요로운 영상으로 되살려낸다. 누가 옳고 누가 그른지에 대한 판단은 보는 이의 몫인 게 당연하다. 그 어떤 기울임 없이 전체적으로 나긋한 질감 속에 두 시인의 격렬한 내면을 솜씨 좋게 발라냈다. 그래서 여운이 더 짙고 영화 속에서 인용되는 시구들의 울림이 더 질박하게 전달된다. 영화를 보고 나서 실비아 플라스의 시집을 읽으면 행간이 확 트여 상상의 여백이 더 밀도 높아진다. 시인을 다룬 그 어떤 영화에서도 느껴보지 못한 경험이다. 그렇다고 무슨 '시네포엠'이니 하는 겉멋 들린 우아함과는 거리가 있다. 단정하게 마름질된 서사의 틀 안에 시들이 적절하게 효과음을 넣어 시인의 진심을 안개처럼 스미게 하는 정도다. 안개라. 대체로 이 영화는 영국의 날씨만큼이나 축축하고 암울한 기운이다. 덜 마른 옷을 입고 외출했다가 곤두선 습기에 피부가 아려오는 느낌이랄까.

삶도 시도, 한 손에 움켜쥐는 죽음의 매혹

앞서 언급했듯, 실비아 플라스는 상습 자살 미수자였다. 어릴 적 사고로 익사 직전까지 간 적도 있는데, 영화에서도 그 내용이 언급된다. 죽으려고 물속에 들어갔다가 조류에 휩쓸려 저절로 뭍으로 나오게 되었다는 일화. '부활하는 느낌'이라는 대사도 그때 나온다. 테드 휴즈와 같이 보트를 타고 바다 한가운데서 그 얘길 한다. 이후, 영화는 계속 물살에 휘청거리는 듯한 불안감을 고조시킨다.

영화 초중반, 테드 휴즈가 외출하고 없는 집에 실비아 혼자 있다. 웬 여대생이 찾아와 테드 휴즈가 읽어봐준다고 했다면서 원고를 건넨다. 실비아의 속이 뒤틀린다. 질투가 뒤섞인 오묘한 심정이다. 의부증이라 할 만한 망상이 이때부터 시작된다. 사랑과 시에 대한 열정, 그리고 어릴 적부터 자신을 사로잡은 죽음에의 충동이 복합적으로 영혼 속에 똬리 틀고 있다가 슬슬 고개를 치켜든다. 벌거벗고 욕조 속에 잠긴 실비아. 얼굴만 물 밖으로 띄워 넋 나간 표정을 짓는다. 물은 실비아에겐 원형적 공포이자 선망의 상징이다. 죽음도 삶도 함께 누려야만 제대로 쓸 수 있는 게 시라는 괴물이다.

물 위에 데스마스크처럼 떠 있는 실비아의 얼굴. 그녀 안엔 언제나 죽음이 자리 잡고 있고, 그걸 실천 혹은 실현하려 실비아는 자살 시도를 일삼는다. 결국 자살로 귀결되었으나 실비아는 사실 죽음을 손에 쥐어 더 큰 삶, 더 광대한 시를 쓰고

자 했을 뿐이다. 가스 밸브를 열어놓은 채 실비아 플라스는 집주인에게 의사를 불러달라는 메모를 남겨놓았었다. 정말 죽고 싶은 동시에 정말 살고 싶었던 것이다. 아니, 죽어서 다시 살고 싶었던 것이다. 그러다 결국, 죽음으로써 하나의 위대한 문학적 '거상巨像'(실비아 플라스의 시집 제목이다)으로 남게 되었다. 시는 결국 삶의 밑바닥을 후벼 파 띄워 올린 사후의 영예, 죽음의 큰 종소리 아니겠는가. 실비아 플라스는 죽음으로써 테드 휴즈에게 복수했다. 아니, 사랑의 영욕을 스스로 쟁취했다고나 하자.

우리는 모두 우주에서
가장 작은 원

열린포터, 1998

흔히 산문은 일반적 걸음걸이, 운문은 춤에 비유되곤 한다. 다르게 말하자면 산문이 수직적 방향성을 지닌다면, 운문은 곡선으로 휘어 전후좌우를 모두 아우르는 움직임이라고도 할 수 있다. 산문은 그래서 설명적이고 목적 지향적이다. 의미의 폭이 제한적이고, 해석과 판단 또한 범위가 한정된다. 반면에 운문은 해석의 방향이 다양하게 열려 있거나 숫제 일상적 해석이 불필요할 때도 있다. 그저 움직이기 위해 움직이고, 존재하기 위해 존재하는 경우도 있는 것이다.

자유롭게 움직이려면 자기를 잊어라!

그런 점에서 춤은 어떤 관성화된 사고, 습관으로 굳어버린 움직임을 잊는 데서부터 시작한다. 직선을 곡선으로 구부려야 하고, 일방향적인 고정관념이나 선입견으로 굳어버린 인식 체계를 흩어놓아야 한다. 고정된 자의식과 상대에 대한 편견에 이끌린다면 춤은 불가능하다. 몸은 늘 무언가를, 타인의 움직임과 말을 경계한다. 그리고 그것을 경계하는 자기 자신의 기본 자세(심리적 태도일 수도 있다)에 대한 보호심리가 몸의 자유로운 운용을 방해한다. 자연의 모든 원리가 그렇다. 박자를 생각할 때 박자를 놓치고, 뭔가에 집착할 때 그것은 이미 자신에게서 가장 먼 곳으로 달아난다.

　샐리 포터의 〈탱고 레슨〉은 감독 스스로가 자신에게 요구하고 지향하는 바를 직접 체현한 에세이 같은 영화다. 직접 대본을 쓰고 직접 출연하며 직접 탱고를 배우는 과정을 담백하게 카메라에 담았다. 영화를 만드는 사람이 영화를 만드는 과정, 혹은 영화를 구상하는 단계에 있는 자신을 스크린에 투영한다는 건 스스로 관객이 되고 스스로 타인이 되는 일일 수 있다. 영화 속의 샐리 포터는 외롭고 고집이 세 보인다. 시나리오를 구상 중이지만, 잘 풀리지 않는다. 야무지고 고운 얼굴에 음영을 드리우는 가느다란 실선 같은 주름이 그녀의 고독과 고행을 애잔하게 바라보게끔 한다. 그녀는 당시 쉰을 앞둔 나이다.

　첫 장면에 그녀는 휑한 작업실에 혼자 앉아 있다. 백지 더미만 달랑 놓여 있는 동그란 테이블. 하얗고 눈부신 흑백 영상이다. 샐리가 머릿속으로 구상하는 영화 장면만 선연한 컬러이고, 그 외 모든 장면이 흑백이다. 구상 중인 영화엔 빨갛고 노랗고 파란 옷으로 화려하게 치장한 무희들이 등장한다. 무수히 많은 사람들이 카메라 플래시를 터뜨리고 느닷없이 총소리가 난다. 하반신이 아예 없는 한 남자가 무희들과 추격전을 벌이는 샐리의 머릿속 영화. 샐리는 하얀 백지 위에 연필로 쓴다. 분노rage. 영화 제목이다. 하지만 시나리오는 잘 풀리지 않는다.

영화 만드는 사람이 영화가 되다

런던 출신인 샐리는 파리에 머무르고 있다. 우연히 들른 탱고 무도회장에서 파블로 베론(본인 역)이라는 젊은 탱고 댄서를 만난다. 샐리는 탱고의 매력에 반해 파블로에게 레슨을 받기로 한다. 파블로는 어릴 적 꿈이 배우였고, 샐리는 무용수가 되고 싶었다고 말한다. 그리고 둘 다 유대인이다. 둘은 서로의 빈틈과 결핍을 메워주는 존재이고자 한다. 점점 감정이 깊어진다. 공과 사, 일과 사랑에 대한 서로의 선이 겹치는 듯 어긋난다. 감정이 농익는 만큼 갈등도 심해진다. 레슨 도중 다툼이 잦아진다. 잡념과 자의식을 내던지고 자신에게 몸을 맡기라는 파블로와 온전한 자기 자신으로 움직이고자 애쓰는 샐리. 서로 다른 말을 하는 것 같은데, 결국 서로의 고집과 관점의 충돌일 뿐이다.

세상의 모든 존재는 각자가 하나하나의 점이다.

파리에서 둘은 같이 무대에 오른다. 아름답고 완벽해 보이는 공연. 그러나 샐리가 자족할 때 파블로는 분노하고, 파블로가 굳건해 보일 때 샐리는 좌절한다. 한데 어우러져 발끝하나 눈짓 하나까지 커다란 호흡 안에서 분출된 듯 보였던 공연이지만, 파블로는 샐리의 긴장과 자의식 때문에 망쳤다고 여긴다. 관객들은 환호했고 동료들도 찬사를 보냈다. 그러나둘은 감정의 극한까지 달해 서로를 비방하듯 매몰찬 말들을 내뱉는다. 관계의 종말이 다가오는 것인가 싶다.

모든 싸움은 결국 자신과의 싸움

상심한 샐리는 생 쉴피스 성당을 찾는다. 들라크루아가 그린 〈천사와 싸우는 야곱〉이라는 커다란 그림 아래서 뭔가를 깨닫는 듯하다. 파블로에게 음성 메시지를 남긴다. 둘은 재회한다. 구상 중이던 영화 〈분노〉는 제작자들의 간섭과 난색으로 포기하게 된 상태다. 샐리는 파블로를 주인공으로 탱고에 대한 영화를 만들 결심을 한다. 탱고 레슨을 받던 샐리가 이제, 파블로에게 연기 레슨을 하게 되는 셈. 하지만 역시 쉽지 않다. 이전과 비슷한 갈등이 반복된다. 파블로는 샐리가 생각하는 영화의 깊이와 감정의 온도를 이해하지 못한다. 그저 멋있고 화려한 영화의 주인공이 되고 싶어하는 것 같다.

탱고 레슨을 받으며 저항하던 샐리의 태도와 연기 레슨에 반발하는 파블로의 태도가 동전의 양면처럼 똑 닮았다. 일과 관련해서든 감정을 다스리는 것과 관련해서든 둘은 결국 똑같은 고집과 독선으로 상대를 대하고 있는 셈이다. 누가 옳고 그른지, 어느 쪽이 더 오해하고 일방적으로 구는지 분별하는 건 아무 의미 없다. 언제 어디서 누구에게나 있을 수 있는, 자아들끼리의 소소하나 치명적인 입장 투쟁의 반복일 뿐이다. 상대를 이해시키고 설득하는 일은 이토록 늘 허방에서의 헛손질 같다.

서로의 몸을 의지하고, 서로를 믿고, 서로를 배려함으로써 더 단단하고 유려해지는 탱고이거늘, 서로의 발을 밟고, 피차 상대를 탓하며 자아를 꺾지 못하는 두 사람의 끝없는 분쟁. 삼자가 보기엔 아름다웠던 탱고 레슨이 사뭇 서로를 갉아먹는 전쟁터로 변한 것만 같다. 들라크루아의 그림을 보며 샐리가 파블로에게 이렇게 말한 적 있다. "천사와 싸우는 것 같기도, 악마와 싸우는 것 같기도 하나, 결국 자신과의 싸움 아닐까 싶어." 파블로도 고개를 끄덕인다. 하지만 그걸 아는 사람들이 또 자신을 상대 삼아, 또는 상대를 자신 삼아 계속 싸움을 거는 것이다. 레슨은 이토록 가혹하고 지리멸렬하고 이기적이다. 배우는 자나 가르치는 자나 전혀 다를 바 없다. 왜 자꾸 서로가 서로의 거울이 되어 분열할까.

그녀는 과연 무엇에 분노했을까?

갈등은 해결되지 않는다. 그러면서 수차례 화해와 양보가 반복된다. 어느 한쪽이 한쪽을 놓아버리거나 자기 자신을 내려놓지 않는 한 레슨은 영원히 끝나지 않을 것이다. 그런 말이 있지 않던가. 스승에게서 배운 것으로 스승을 능멸하는 자가 진정한 제자라고. 그것이 배움의 참된 오의奧義라면 둘은 여전히 어떤 것의 맨 처음 지점, 첫걸음마 단계에서 조금도 발을 떼지 못하는 상황일지도 모른다. 그럼에도 둘은 여전히 어떤 조화를 찾는다. 일과 사랑, 공과 사, 자신과 상대라는 두 개의 직선을 부드럽게 구부리려고 애쓴다. 그게 그들이 궁극적으로 그려내야 할 커다란 원의 시작일 것이다.

모든 형태는 하나의 점에서 시작한다. 직선이든 곡선이든 마찬가지다. 점이 선이 되고 면이 되어 모종의 구체적 형상으로 나아간다는 사실을 굳이 말할 필요도 없다. 세상의 모든 존재는 각자가 하나하나의 점이다. 영화의 첫 장면으로 돌아가보자. 샐리는 동그랗고 커다란, 종이 말고는 아무것도 놓여 있지 않은 테이블에 앉아 있다. 짐짓 망설이는 듯하다가 연필로 '분노'라 쓴다. 샐리의 머릿속에 그려지는 영화 장면들이 화려한 컬러로 잠깐씩 등장한다. 하지만 그 영화는 결국 시작도 못하고 폐기된다. 어떤 영화인지 구체적으로 알 수는 없다. 무희가 등장하고 하반신 없는 남자가 등장하고 총소리가 들리며 무희들이 차례로 죽는다. 분노라. 샐리가 과연 무엇에 분노했는지 확실히 알 수는 없다.

그리고 파블로와의 탱고 레슨이 시작된다. 그 과정에서 샐리와 파블로는 사랑과 오해, 좌절과 분노, 질투와 연민 등을 모두 겪는다. 영화는 특별한 설명 없이 일견 단조로운 일화들을 조각조각 모아 겉으로 드러나지 않는 섬세한 씨줄 날줄들이 커다란 원환圓環을 엮는 구조로 진행된다.

모든 동작은 하나의 원으로 수렴된다

마지막 장면에서 샐리와 파블로는 센 강변에서 조화롭게

춤춘다. 모든 갈등이 끝났다기보다, 하나의 점이 다른 점을 만나 더 큰 원을 그려내기 위한 곡선 하나가 희미하게나마 보이는 느낌이다. 몸이 완전히 굳은 나이에 춤을 배우려면 몸에 밴 모든 습관을 버리고 이겨내야 하는 게 기본이다. 그래야만 커다랗고 텅 빈 테이블에 작은 점 하나 찍히게 된다. 그 점은 여태 살아온 모든 오류와 감정의 굴곡들이 모여 원의 일부로 시작되는, 우주에서 유일무이한 작은 원이다. 일단 찍어보자. 오로지 자신만 볼 수 있는 커다란 원 안에서 처음 걸음마를 배우는 아이처럼 한 발짝 두 발짝. 갈등도 오해도 지속될 것이다. 그래도 계속 찍고 또 찍어야 하는 게 인생이다. 짠짠짠짠 짜자자잔짠!

3

예술 혹은 예술가

이 사람아,
예술에 완성이
어디 있나!

미국 출신의 저술가 제임스 로드는 2차 세계대전 당시 미군 정보요원으로 파리에 파견된다. 당시 스물한 살이었다. 그는 종전 후에도 파리에 체류하면서 다양한 예술가들과 교유한다. 그중 대표적인 인물이 이탈리아계 스위스 조각가 알베르토 자코메티다. 자코메티는 당시 파리에서 한참 유명세를 날리던 인물이었다. 길쭉하고 가느다란 입상立像으로 20세기 조각의 혁신아로 평가받던 상황. 〈파이널 포트레이트〉는 당시 제임스 로드가 자코메티와 교유한 일화를 바탕으로 제작된 영화다.

뭐 이런 어수선한 미술이라니!

〈악마는 프라다를 입는다〉 등 다수의 영화에 출연했던 배우 스탠리 투치가 각본과 감독을 맡았는데, 직접 자코메티의 초상화 모델을 했던 제임스 로드가 1985년에 발표한 《작업실의 자코메티》가 원작이다. 한국에선 예전에 번역됐다가 현재는 절판 상태다. 그 책의 표지가 바로 자코메티가 그린 제임스의 초상화다. 제임스 로드는 같은 해 800여 페이지 분량의 자코메티 평전을 발표하기도 했다. 이 역시 한국에 번역되었다.

제임스 로드(아미 해머)가 자코메티의 초상화 모델을 한 건 1964년 9월 12일부터 10월 1일까지였다. 꼬박 20일 동안 자코메티의 시선에 붙들려 있었던 거다. 제임스는 당시 미국으로 귀국하려던 참이었다. 그런데 길어야 며칠이면 끝날 줄 알았던 초상화 작업이 지지부진하게 이어진다. 자코메티(제프리 러시)의 작업은 기약도, 계획도 없다. 회색빛(영화 전체가 회색 톤이다)의 휑하고 지저분한 작업실에서 자코메티의 행동은 어수선하기 짝이 없다. 그림을 그리다 말고 산책이나 하자고 하는가 하면, 작업실에 막 도착한 제임스에게 요기나 때우자고 했다가 다시 뒤돌아서 바로 작업에 들어가자고 하는 식이다.

제임스는 당혹스럽다. 미국에 있는 연인과의 국제전화가 잦아진다. 귀국 비행기 표를 하루가 멀다 하고 연기한다. 연인과의 갈등도 증폭한다. 그럼에도 제임스는 인내심을 발휘하지만, 진이 빠지고 난감해지는 건 어쩔 수 없다. 자코메티에 대한 존경심의 발로겠지만, 도대체 그림이 완성될 수나 있는 건지, 자신이 언제 귀국하게 될는지 아무것도 확신할 수 없는 상황이다. 자코메티는 제임스의 사정 따위 아랑곳없다. 혼잣말을 구시렁대며 혼자 좌절하고, 제풀에 짜증을 내

거나, 뜬금없이 예술의 원리와 본질에 대한 뜬구름 잡는 듯
한 잠언을 뇌까리기도 한다. 스스로도 그림을 완성할 수 있
을지 자신 없어하는 태도다.

도대체 그림은 언제 완성되는가

그렇게 하루하루 흘러간다. 그림은 기본 데생을 했다가 다
시 흰색으로 지우고 회색으로 덧칠했다가 다시 엉뚱한 선을
긋고 파기하는 과정을 수차례 겪는다. 그러면서 묘하게 시점
이 바뀐다. 모델을 관찰하는 화가의 시선보다 화가의 행동과
심리를 관찰하는 모델의 심리가 도드라지는 것이다. 이런 전
이轉移는 화가와 모델 사이에서 흔히 발생하는 현상이다. 화
가가 모든 상황을 이끌고 가는 주체로 시작하지만, 모델도
사람인 이상 느낌과 생각이 없을 수 없다.

모델이 되는 건 모든 움직임과 표정을 타인에게 통제받는
일이다. 특정 포즈를 취한 상태에서 자신을 뚫어져라 바라보
는 화가(또는 화가가 지시한 방향)를 줄곧 응시해야 하는데, 그땐
제약된 움직임만큼 상대의 움직임과 시선에 예민하게 반응
하게 된다. 그러다가 구속과 억압, 지시와 복종의 메커니즘

음악가는 음악 속에서 허우적대고, 문학가는 문장 속에서 자주 길을 잃는다. 어쩌면 그 길 잃음 자체가 예술의 진짜 의미이자 본질일지 모른다.

이 오묘하게 역전되는 순간이 있다. 바라봄을 당하는 자가 바라보는 자의 동태를 움켜쥐게 되는 것인데, 이때 모델은 화가의 시점보다 더 넓고 객관적인 시야를 확보하게 된다. 그럴 때, 화가는 모델에게 종속당한다. 그리고 그 순간을 지나야 결국엔 화가만의 독창적인 시선과 형태에 대한 자각이 생명력을 얻게 된다.

이러한 원리는 지칠 대로 지친 제임스가 더 이상 귀국을 미룰 수 없어 자코메티의 동생 디에고(토니 샬호브)와 모종의 작전(?)을 짜는 상황에서 은근히 드러난다. 디에고는 평생 자코메티의 보조 노릇을 한 인물이다. 그 자신도 미술에 뛰어난 재능을 지녔지만(자코메티의 아버지 조반니 자코메티는 유명한 화가였다), 예술가가 되기엔 너무 현실적인 인물이었다. 디에고는 형 알베르토의 그늘 노릇을 하다가, 형이 죽고 난 뒤 알베르토의 증언자가 되었다. 그리고 또 한 명의 그늘이 있다. 바로 아내 아네트(실비 테스튀)다.

예술가의 그늘, 그 내밀한 애정

영화에서 아네트는 거의 몸종에 가까운 역할이다. 추레한

행색으로 뒤치다꺼리나 하면서 자코메티를 내조하는데, 그
사정은 자코메티의 육체적 결함과도 관련 있다. 자코메티는
아네트보다 젊은 매춘부 캐롤린(클레멘스 포시)에게 더 많은
애정을 쏟는다. 캐롤린은 아네트의 눈총 따위 아랑곳 않고
자코메티의 작업실을 제집 드나들듯 한다. 자코메티는 그녀
를 마냥 예뻐하며 신식 자동차까지 선물할 정도다. 캐롤린
말고도 자코메티의 일생엔 여러 여인들(주로 매춘부)이 거쳐갔
다. 영화에서도 매춘굴을 찾는 장면이 나오는데, 사실 자코
메티는 성불구자였다.

열일곱 살 때 고환염을 앓고 난 이후, 자코메티의 성 인식
은 매우 비틀려 있었다. 자세한 사항은 제임스 로드가 쓴 평
전을 참조하면 확인할 수 있다. 한참 성적으로 달뜨기 마련
인 사춘기 시절 그러한 병을 앓고 난 뒤 사람의 성정이 어떻
게 형성되는지에 대해선 당사자가 아닌 이상 함부로 판단하
기 곤란한 사항이다. 아네트를 대하는 자코메티의 태도는 사
회적으로, 그리고 도덕적으로 지탄받아 마땅한 면이 많다.
그럼에도 아네트는 이따금 불평을 늘어놓으면서도 자신의
역할(?)에 충실하다. 언뜻 이해하기 힘든 그 이면을 영화는
다 보여주지 않는다. 자코메티가 아네트에 대한 애정을 어떤

식으로 드러내는지 역시 평전에 잘 나와 있다.

제임스의 초상화는 지지부진하던 끝에 제임스가 수차례 연기하던 귀국 일정을 못 박은 이후 은연중에 완성(?)된다. 그런데 그 완성이 정말 완성인지는 자코메티도, 제임스도, 디에고도 장담할 수 없다. 자코메티는 초상화를 그리는 내내 알 수 없는 불안과 초조에 시달린다. 명예와 부를 움켜쥔 대가의 자신감이나 허세 따윈 일절 찾아볼 수 없다. 행색은 늘 지저분하고, 하루에 담배를 네 갑씩 피워대는 괴짜 노인네의 심술만 천연덕스러울 뿐이다. 자코메티는 자신도 알 수 없는 모종의 강박에 시달리는 동시에, 강박에 시달리는 자기 자신에게마저 쫓기는 느낌이다. 수십 년 조각을 하고 그림을 그렸지만, 마치 아직도 자기 자신이 누구인지, 도대체 미술이 무엇인지 알 수 없다는 태도다.

자코메티가 같은 세대 화가들을 헐뜯는 장면이 있다. 피카소에 대해선 "남의 아이디어나 훔쳐다 쓰는 사기꾼"이라 하고, 샤갈이 완성한 파리 오페라 극장의 천장 그림에 대해선 "그딴 페인트질"이라는 식으로 비꼰다. 자코메티는 피카소와 한때 절친한 사이였으나 피카소의 요란한 현시욕과 능란한 언변에 학을 떼며 절교했었다. 물론 자코메티의 입장이다. 피카소의 입장은 영화에선 당연히 나오지 않는다.

예술은 영원히 길을 잃어 영원이 되는 길

예술가에게 자신만의 예술 세계라는 건 예술의 지상 목표인 동시에 잡히지 않는 허상에 불과할지 모른다. 애초에 그러한 목적 자체가 부재하는 것, 또는 부재 자체가 목적이라 해도 틀리지 않는다. 예술가는 일종의 자신만의 환상에 사로잡힌 자일 수 있다. 환상인 만큼 아무리 현실의 질료를 궁극까지 몰아붙인다 해도 그것은 실현되지 않을 공산이 크다. 그래서 더 추구하게 되고, 그래서 더 환멸하게 되며, 그래서 더 악착같이 스스로를 괴롭히게 된다. 더 깨닫고, 더 실력이 늘고, 더 분명해지는 건 젊은 한때의 일일 수 있다. 그 단계를 지나고 나면 도무지 앞도 뒤도 보이지 않는 허방 속에서 헛손질만 하고 있다는 자각이 들 때가 있는 법. 이건 비단 미술만의 문제가 아니다. 음악가는 음악 속에서 허우적대고, 문학가는 문장 속에서 자주 길을 잃는다. 어쩌면 그 길 잃음 자체가 예술의 진짜 의미이자 본질일지 모른다. 〈파이널 포트레이트〉는 예술가, 그리고 예술의 그러한 기본 속성을 깔끔

하고 유머러스하게 포착한 영화다.

제임스 로드는 초상화 작업이 끝난 후 미국으로 떠난다. 자코메티와 편지를 주고받으며 '다음에도 같이 작업해보자'는 약속을 하지만, 그 약속은 이루어지지 않는다. 제임스가 다시 파리를 찾기 전인 1966년 새해 벽두, 자코메티가 사망한 때문이다. 향년 65세였다.

고흐, 영원의 문에서
At Eternity's Gate

미치고,
지치고, 홀린

줄리언 슈나벨 2018

이른바 '반 고흐 타살설'이란 게 존재한다. 언제부터 운위되기 시작했는지는 정확히 알 수 없다. 아마 여러 과학적, 의학적 검증 기술이 발단된 이후였지 않을까 싶다. 반 고흐가 스스로 자신의 배에 총을 쏘지 않았을 거라는 가정에서 출발한다.

왜 배에다 총을 쐈을까?

처음엔 일종의 음모론 취급을 받았다. '20세기 미술을 혁명적으로 바꾼 위대한 예술가의 자살'이라는 신화에 흠집을 내는 일이기 때문이다. 미술을 통해 권력과 부를 움켜쥔 자들에겐 일종의 신성모독처럼 여겨졌을 수도 있다. 예술가의 자살은 예나 지금이나 대중에게 아주 잘 먹히는 '떡밥'이다. 생활고 및 세상의 몰이해에 시달리다 혼자만의 우주를 창조하곤 스스로 세상을 뜬 자의 이야기는 그럴듯하게 팔아먹을 수 있는 스토리이기 때문이다. 그건 남겨진 예술 작품에 덧씌워지는 후광과도 같다. 그렇게 포장된 예술은 때로 한 국가를 먹여 살릴 정도의 문화적 자산이 된다. 네덜란드 국가 총수익 2위가 반 고흐를 기반으로 한 문화 사업인 것으로 알고 있다.

반 고흐가 정말 자살했는지 아닌지에 대한 진실 규명은 이제 와 부질없는 일인지도 모른다. 그래도 당시 정황을 살펴보면 의문점이 한두 군데가 아니다. 타살설에 대한 정보가 별로 없던 시절, 고흐가 마지막 80일을 보낸 프랑스 북부 오베르쉬르와즈를 방문한 적 있다. 10여 년 전이다. 이후 두 차례 더 방문했다. 고흐가 살던(그리고 마지막으로 눈감았던) 작은 방에서 나와 장미가 흐드러진 언덕을 한동안 오르다보면 고흐의 마지막 작품으로 알려진 〈까마귀가 나는 밀밭〉의 배경이 된 벌판이 나온다. 당시 강낭콩을 심고 있었으나 그림에 나오는 각도와 완만하게 펼쳐진 구릉 등은 여전했다. 숙소에서 적어도 30여 분은 걸리는 거리다. 고흐는 거기서 총을 쏘고(혹은 맞고) 집까지 걸어 내려와 30시간을 앓다가 사망한 것으로 알려졌다. 첫 번째 의문 지점이다.

자살하고자 마음먹은 사람이 총을 배에다 쏜다는 사실이 미심쩍다. 아무리 총기 다루는 솜씨가 미숙하더라도, (아니 그럴수록) 배에다 총구를 들이밀 가능성은 희박하다. 관자놀이에 총구를 대거나 아예 입에 물고 방아쇠를 당기면 한 방에 끝날 일이다. 물론 주저하거나 공황에 빠져 얼렁뚱땅 처리했을 가능성도 배제할 순 없다. 그래도 석연치 않은 건 사실이다.

카메라, 고흐의 진심을 좇아가다

또 하나. 총상을 입고 나서 어떻게, 또는 왜 그 먼 거리를 헐떡거리며 걸어 내려왔느냐 하는 점. 자살하고자 작정한 사람의 마음을 정확히 헤아리긴 힘들지만, 출혈이 심한 상처를 입고 그만큼 걸어왔다는 건 분명 살고자 하는 의지의 발현이었을 것이다. 총상을 입고선 문득 생각이 바뀌어 잠재되어 있던 생존 욕구가 절실해졌을 거라는 가정도 배제할 수는 없다. 하지만 그러기엔 실제로 걸어본 그 언덕길은 총상을 입은 자로선 그리 호락호락한 거리가 아니었다. 그 길을 따라 걸으며 계속 의문스러웠던 지점이다. 그리고 결정적으로 고흐를 쏜 총은 발견되지 않았다. 나머지는 각자 판단에 맡기겠다.

줄리언 슈나벨의 〈고흐, 영원의 문에서〉는 바로 그러한 사실에 근거해 만들어졌다. 줄리언 슈나벨은 실제로 신표현주의 계열의 그림을 주로 그리는 화가이기도 하다. 장 미셸 바스키아의 일생을 토대로 한 영화 〈바스키아〉를 만든 적도 있다. 1980년대 미국 미술계에 대한 독특하고 과감한 풍자가 돋보이는 작품이었다. 같은 미술가로서 미술가의 전기영화를 만든다는 건 감독 스스로에게도 각별한 일이었을 것이다. 고흐 전기영화는 이전에도 여러 편 제작되었고, 고흐는 지금도 다양한 방식으로 다뤄지고 있지만, 이 작품은 그중 고흐의 '진심'을 가장 명료하고 잔잔하게 훑은 영화라 여겨진다.

고흐가 파리를 떠나 프랑스 남부 아를에 정착하는 시기부터 죽을 때까지를 다룬다. 고갱을 아를로 불러들이고, 숱한 다툼 끝에 고갱이 아를을 떠나자 자신의 귀를 자르고, 정신병원에 갇히고, 마지막 안식처인 오베르쉬와즈에 정착한 다음, 70여 편의 그림을 미친 듯이 그리다가 결국 동생 테오의 품에서 죽는다는 내용.

영화는 긴 설명을 하지 않는다. 시종일관 카메라는 흔들리고, 어떤 대사들은 마치 겹으로 메아리를 넣듯 돌림노래로 반복되기도 한다. 색을 여러 번 중첩시키는 고흐의 붓질을 재현한 건지도 모른다. 잘 모르는 타인과 대화할 때는 불어로 말하지만, 친한 지인들과는 영어로 대화하는 것 역시 안팎이 불안하게 나뉜 고흐의 심정을 반영한 거라 얘기할 수도 있겠다. 그리고 자주 초점이 흐려지는 영상. 꿈과 현실, 자연과 실체 사이의 모호한 경계를 넘나들던 고흐의 의식과 불안정한 심리가 그렇게 드러난다. 마치 영원으로 나아가는 입구인 양 존재는 흐려졌다 맑아졌다를 반복한다. 이곳은 꿈인가, 아니면 자연의 환각인가.

"아무것도 말하고 싶지 않고,
아무것도 기억나지 않는다"

고흐의 붓 터치를 생생하게 살려내는 장면이 많다. 그림 그리는 장면뿐 아니라, 영상의 모든 톤이 고흐 그림의 강렬하고도 고요한, 꿈틀거리면서도 정체된 묘한 이중성을 닮아 있다. 거기에 잔잔하면서 임팩트 있는 피아노 연주가 꿈결처럼 나부낀다. 어떤 극적인 움직임도 없으면서 배면背面의 격정이 막 타오르기 직전의 불꽃처럼 아스라이 묻어난다. 윌럼 더포의 주름진 얼굴은 고흐와 너무 닮았다 싶다가도, 그저 어느 노쇠하고 찌든 범부의 속살처럼 적나라하고 애달파 보인다. 고흐는 대단한 사람도 훌륭한 사람도 아니었다. 그저 그림에 미친 사람이었고, 세상에 지친 사람이었고, 자연에 홀린 사람이었을 뿐이다. 아울러 그는 남다르게 사물을 봤고, 자신에 대한 지난한 탐구에 사로잡혔을 뿐 아니라, 자연의 무감하고도 냉정한 계시에 영혼의 불빛을 정면으로 투사하고자 한 사람이었다.

그런 그를 당대 사람들은 불쌍하게 여기거나 미치광이 취급하거나 어딘가 모자라거나 유달리 예민하고 뒤틀린 사람이라 여겼다. 모두가 맞을 수도, 모두가 틀린 판단일 수도 있다. 영화는 그 어떤 평가도 추앙도 비판도 하지 않는다. 그저 보여주고 들려주고 어떤 흔적들을 제시할 뿐이다. 영화 후반에 오베르쉬와즈로 온 고흐는 불현듯 복통을 호소하며 휘청거린다. 언덕에서 총을 맞은 이후다. 동네엔 총을 갖고 장난질하는 부잣집 불량배가 있다. 불량배가 그림 그리는 고흐를 훼방한다. 카우보이처럼 권총을 들고선 횡포를 부리고 고흐가 쓰러진다. 불량배가 고흐의 그림과 화구들을 땅에 묻고 권총을 강에 내던지는 장면이 나온다. 그러곤 고흐의 침상.

의사 가셰 박사가 사정을 묻는다. 그러나 고흐는 대답하지 않는다. "아무것도 말하고 싶지 않고, 아무것도 기억나지 않는다"는 말만 반복할 뿐이다. 불량배를 감싸거나 자신의 행동을 감추거나 하려는 의도일까. 그 역시 알 수 없다. 그는 조

그는 남다르게 사물을 봤고, 자신에 대한 지난한 탐구에 사로잡혔을 뿐 아니라, 자연의 무감하고도 냉정한 계시에 영혼의 불빛을 정면으로 투사하고자 한 사람이었다.

용히 죽어간다. 그리고 문득 노란색이 화면을 채운다. 사실의 실체는 중요하지 않다는 듯. 자살했건 누군가 쏜 총에 맞았건, 그게 핵심은 아니라는 듯 노란색은 현기증 날 정도로 몽롱하고, 가차 없이 중립적이기도 하다. 그 위로 고갱의 내레이션이 뜬다. 그중 한마디.

"나는 성령이고, 나는 제정신이다."

빛에 타버린 메마른 해바라기

노란색은 고흐가 열정적으로 탐닉했던 색깔이다. 화면은 노란색에서 주황색, 보라색으로 바뀌고 다시 노란색으로 돌아간다. 그는 자신이 그렸던 그림처럼 해바라기 같은 사람이었다. 스스로 "빛을 그린다"고 말할 정도로 빛을 좋아 자연의 궁극적 실체를 자신의 붓끝으로 뚫고 들어가고자 했다. 영화 초반에 고흐가 숲과 벌판을 헤매는 장면이 있다. 벌판에 드러누워 자신의 얼굴에 흙을 끼얹기도 하며 방황하는 장면. 문득 빛을 완전히 빼앗겼거나, 너무 강렬한 빛에 참살당한 듯 광활하기만 한 해바라기 밭이 나온다. 모두 풀 죽어 있다. 노란색은 일절 없고 하나같이 거무튀튀한 갈색으로 메말라 있다. 그 사이를 고흐가 걷는다. 먼 곳의 지평선은 끝도 없다. 그곳이 영원인가. 고흐는 총에 맞기 전에 이미 그 영원 속으로 걸어 들어가 자연과 일체되어버렸던 건 아닐까. 해바라기가 문득, 깡마르고 길쭉한 고흐의 몸뚱이 같다.

우린 모두 잘못 듣고,
잘못 소리 내고 있다

40여 년 전, 시인 이성복은 어느 시에서 이렇게 쓴 적 있다.

"아무것도 비하하지 않으려면 아무것도 미화하지 말아야 한다."

'비하'와 '미화'는 비슷한 음가를 가진 상반된 단어다. 이런 식의 '한 끗' 차이 말장난은 시인들의 생활에서도 작품에서도 일상적이다. 이른바 '언어유희'의 가장 기본적 방식인데, 시구 자체의 의미는 굳이 언급 안 해도 될 듯싶다.

음악은 과연 소리의 완전체일까

한국 시만 이런 게 아니다. 랭보(프랑스어)나 릴케(독일어)의 시에서도 쉽게 발견되는 흔적이다. 단어들의 음가에서 추돌 혹은 충돌하는 뉘앙스와 이미지를 그대로 살려 언어의 상식적 쓰임과 그로 인한 삶의 관습들을 해체하는 것이라 할 수 있다. 그러한 감각 또는 의미의 전이는 기본적으로 청각을 통해 이루어진다. 언제부턴가 한국에서 '아재 개그'라 불리며 젊은 세대에게 경멸당하는 말장난도 여기 기반한다. 문학의 쓸모가 다했음을 말하자는 건 아니다. 문제는 소리다. 나아

가, 소리로 구성되는 음악만의 한 특징을 새삼 짚어보고자
할 따름이다.

소리는 그 자체로 완전무결하지 않다. 볼 수도 만질 수도
냄새 맡을 수도 없다. 그럼에도 분명한 물리적 현상이다. 그
런 까닭에 때로 소리는 일상적으로 '설정'되어 있는 의미 체
계를 초월하기도 한다. 청각은 분명한 듯 미묘하다. 더불어
불확정적이다. 오감 중에서 오류와 오해의 발단이 될 소지도
가장 크다. 똑같은 말(혹은 소리)을 들었어도 상황과 기분에 따
라 수용자의 해석과 판단이 달라지기도 한다. 그렇다면 소리
의 구성체인 음악은 어떠한가. 혹시 음악은 '잘못 들음' 혹은
'잘못 소리 냄'을 근간으로 인위적으로 조합된 균열의 파동이
지는 않을까. 이상한 비약인가.

루트비히 판 베토벤은 서른 살 무렵부터 청력에 이상이 생
겼다. 그 상태로 음악사의 걸작들을 작곡했다는 건 불가사의
한 일이다. 베토벤의 일생을 모티프 삼아 만들어진 영화는
수두룩하다. 베토벤은 1770년에 태어나 1827년에 사망했다.
살아 있을 당대에나 사후에나 늘 문제적 인물이었다. 명성과
오욕, 슬픔과 환희, 고통과 분노로 점철된 그의 인생은 그가

작곡한 음악들만큼이나 복잡하고 다채로운 반향을 불러일으킨다. 영화를 만드는 이에게 구미가 당길 요소가 가득하다. 워낙 극적인 삶을 살았기에 그를 증언하는 내용은 수백 년이 지나는 동안 수시로 바뀌거나, 새로운 사료들에 의해 기존의 평가가 뒤바뀌는 지점도 많다. 버나드 로즈 감독의 〈불멸의 연인〉은 그 점에 착안한 영화다.

베토벤을 실제로 겪게 된다면

베토벤 사후 발견된 편지가 세 통 있다. 언제 쓰였는지, 수신자(발신되지는 않았다)가 누구인지는 현재까지 완전히 밝혀지지 않았다. 아주 곡진하고 애잔한, 그럼에도 이루어지지 못한 사랑에 대한 회한으로 가득 찬 편지다. 베토벤은 그 편지에서 자신의 전 재산을 미지의 그녀에게 상속한다고 밝혔다. 장례식 직후 비서였던 안톤 쉰들러가 발견한 그 편지를 두고 베토벤의 동생 요한과 쉰들러 사이에 다툼이 발생한다. 동생 요한과 베토벤은 원체 사이가 좋지 않았다. 요한뿐 아니라 먼저 죽은 동생 카스퍼와도 베토벤은 한 여인을 두고 주먹다짐을 벌일 만큼 사이가 나빴다. 카스퍼가 죽은 후 그의 아들 카를의 양육권을 두고 카스퍼의 미망인 요하나와 법정 다툼까지 벌였다는 건 유명한 사실이다. 결국 카를의 양육권은 베토벤에게 넘어간다.

이 모두가 베토벤이 청력을 완전히 상실한 이후의 일이다. 필담이 아니면 정상적인 대화가 불가능했다. 세상 모든 소리가 들리지 않는 그 아득한 침묵을 귀가 멀어보지 않은 사람이 상상하기란 쉽지 않다. 일련의 현악 사중주와 베토벤 최고의 명작이라 할 수 있는 교향곡 9번 〈환희의 송가〉는 그가 청력을 완전히 상실했을 때 작곡되었다. 당시 베토벤은 폐인이자 미치광이라 세간에 알려졌다. 이전의 명성은 그를 비난하고 질시하고 매도하는 반사작용을 불러일으켰다. 동생들에 대한 폭압적인 행태, 조카 카를을 거장으로 키우고자 하는 욕망에서 발동한 고압적인 교육(카를은 자살 시도까지 한다), 숱한 취중 추태와 유명한 여성 편력 등. 그의 삶을 특징지었던 모든 인간적 성향이 그 자신을 옥죄고 재단하는 근거가 되었다. 일종의 풍문처럼 잘 알려진 내용들이나, 그런 사실을 영화로 목도하는 건 풍문을 재확인하는 것과 또 다르다(만약, 실제로 대한다면 또 얼마나 달라질 수 있을까?).

영화 〈불멸의 연인〉은 베토벤의 후반생을 바탕으로 안톤 쉰들러(예룬 크라베)가 '불멸의 연인'이 누구인지 추적하는 내용이다. 베토벤과 연인 관계였거나 그렇다고 추정되는 여인들을 만나 증언을 듣는 형식인데, 마지막에 밝혀지는 인물은 기존 베토벤 연구자들이 추정한 바와는 전혀 다른, 아주 의외의 인물이다. 이건 물론 픽션이다. 아직도 그 '불멸의 연인'이 누구인지 연구자들도 확답을 내리지 못하고 있다. 극적인 흥미를 위해, 또는 베토벤이라면 충분히 그랬을 수도 있으리라는 가정하에 극화되었을 뿐, 어떤 실체적 진실을 전달하지는 않는다. 게리 올드먼이 연기한 베토벤의 모습은 흔히 떠올릴 수 있는 광기 어린 예술가의 전형으로 비치는 한편, 내심 속 깊고 세심하고 예민한 한 인간이 스스로를 궁지로 몰아넣고야 말게 되는 모습에 연민마저 품게 한다.

허두에 언급한 시구를 곱씹자면, 이 영화는 베토벤을 '비하'하지도 '미화'하지도 않는다. 역사적 사실을 그대로 옮긴 전기영화도 아니다. 베토벤이란 인물, 그리고 그에 대해 역사가 전하는 어떤 일면을 토대로 인간의 삶 자체가 지닌 모종의 불가해성과 모순을 환기한 영화로 볼 수도 있다. 비난과 찬사는 결국 관객의 몫이되, 그 어떤 비난이나 찬사도 베토벤을 하나의 온전한 객체로 재구성할 수 없다. 그것은 베토벤 아니라 그 어떤 장삼이사에 대해서도 마찬가지다.

청력을 잃은 음악가라는 특수성은 가십거리가 아니라, 베토벤에겐 숙명과도 같은 굴레였다. 그런 점에서 자신의 연주를 스스로 들을 수 없는 자가 피아노에 앉아 악기의 몸통에 귀를 기울인 채 소리의 진동을 꿈꾸듯 음미하는 장면은 꽤 상징적이다. 한 귀족 여인과 혼례담이 오가던 무렵, 여인이 자신의 집 거실에 최신식 피아노를 장만했다며 베토벤더러 연주해보라고 한다. 주위에 아무도 없을 거라 덧붙이면서. 하지만 그녀는 거실 장롱 속에 숨어 베토벤의 연주를 훔쳐 들으며 눈물을 흘린다. 사실이 발각되자 베토벤은 "내 감정을 테스트하려 들다니!"라고 호통치며 그 집을 떠난다. 장면에 대한 세세한 해석은 하지 않겠다. 그 호통과 격앙의 원인과 의미 역시 관객이 느껴 깨달을 몫이다. 다만 조금만 덧붙이겠다. 혹시 우리는 누군가의 오점 또는 재능을 관음하며, 그 사람의 실체적 진실과 고통에 대해선 외눈으로도 보지 않으려 하는 건 아닐까. '미화'도 '비하'도 그 누구에겐 모독이자 독침이 아닐까. 부언하건대, 베토벤의 장례식엔 2만 명의 인파가 몰렸다. 그중 살아 있을 적 그를 비난했던 사람들도 수두룩했을 것이다. 이성복의 시구를 변용하자면, '비하'가 '미화'가 되는 순간이랄 수 있을 것이다.

풍문과 편견이 가려버린 진실

모든 예술은 모종의 심리적, 육체적 장애의 소산일 수 있다. 특정 감각이 완전히 상실된다는 건 그중에서도 아주 극단적인 경우일 것이다. 스티비 원더나 호세 펠리치아노 등 맹인 가수들은 세계적으로 적지 않다. 보이지 않는다는 건 그만큼 귀가 밝아진다는 역설을 자동적 혹은 자연적으로 수반한다. 하지만, 음악가가 청력을 잃는 건 경우가 다르다. 다리 절단된 축구선수가 공을 차야 하는 것과 비슷하다고나 할까. 베토벤이 청각 장애인이 된 원인에 대해선 아직도 정확한 의학적 규명이 이루어지지 않았다. 그럼에도 여러 정황상 지금의 의학 기술이라면 충분히 치료 가능한 병이었다는 게 중론이다. 하지만 귀가 먼 상태에서 어떻게 그토록 아름다운 음악을 작곡했는지에 대해선 과학이 완전히 규명하긴 쉽지 않을 것이다.

베토벤은 사후 모든 음악가에게 새로운 기준과 개념을 제시했다. 망치로 두드려대는 듯한 연주법이나 기존 발상을 뒤

혹시 우리는 누군가의 오점 또는 재능을 관음하며, 그 사람의 실체적 진실과 고통에 대해선 외눈으로도 보지 않으려 하는 건 아닐까.

어넘는 악상 전개는 어쩌면 그 불의의 병이 낳은 '잘못 들음' 혹은 '잘못 소리 냄'의 역설적 결과 아닐까 생각해본다. 물론 이 역시 베토벤에 대해 '잘못 들음' 혹은 '잘못 소리 냄'의 한 귀결일지도 모른다. 아니, 아마도 분명 그럴 것이다. 그러니 '미화'도 '비하'도 하지 말자. 우리는 잘 알지 못하는 누군가를 자신의 미감이나 원칙, 취향이나 편협한 도덕적 잣대로 죽이기도 한다. 그것도 풍문으로나 겪게 되는 누군가의 '잘못 들음' 혹은 '잘못 소리 냄'에 의해. 자신이 본 모든 것, 듣게 되는 모든 것을 때로 자신만의 고유한 진공관 안에 담근 채 가만히 주위를 지워보자. 모든 풍문과 편견이 가려버린 진실은 어쩌면 그 고요 속에서나 분명해질 자신의 이면에서 불쑥 도드라질지도 모르니까.

토탈 이클립스
Total Eclipse

시인의 영화에
왜 시가 없을까

아그네에슈가 홀란드, 1995

시인 아르튀르 랭보는 굉장한 미소년이라 알려졌다. 생전 찍었던 유명한 사진을 보면 대체로 동의할 만하다. 랭보는 열일곱 살 무렵 시적 절정에 달했다가 스무 살에 시를 그만 썼다. 이후 아프리카 아비시니아(현 에티오피아)로 건너가 사업에 몰두했다. 그 무렵 삶은 랭보 전문 연구자나 랭보 마니아('랭발디언'이라 불리기도 한다)들한테 말고는 잘 알려져 있지 않다. 알고 싶어하는 사람도 별로 없는 것으로 안다. 어쩌면 그게 진짜 랭보, 그러니까 젊은 한때 불꽃 같은 시를 쓴 자가 아닌, 한 명의 자연인으로서의 랭보의 실체에 더 가까울 수도 있다.

정말 랭보와 베를렌이 저랬을까?

랭보는 1891년 마르세유의 한 병원에서 한쪽 다리가 절단된 채 투병하다가 사망했다. 소위 '바람구두'라는 별칭으로 불릴 만큼 엄청나게 떠돌던 인물이었음을 감안하면 상당히 상징적인 죽음이다. 랭보의 고향은 프랑스 북부 샤를빌이다. 벨기에와 독일 접경 지역인데, 랭보는 어릴 때부터 걸어서 국경 부근까지 떠돌아다니기를 일삼았다. 죽기 직전 랭보의 사진을 몇 장 본 적 있다. 허청허청한 자세에 비쩍 마른 몸매,

지저분한 콧수염에 피골이 상접한 인상 등은 어린 시절 꽃미남과는 전혀 다른 몰골이다. 당시 만 37세였다. 한참 바라본 적 있다. 시도, 열망도, 광기도 지워진, 찌들고 찌들어 이미 무덤에 누워 있는(서 있는 사진임에도) 시체를 보는 것 같았다.

아그니에슈카 홀란트 감독의 영화 〈토탈 이클립스〉는 당시 많은 영화들이 그랬듯 포스터가 더 유명해진 작품이다. 외모 최절정기에 달했던 20대 초반의 리어나도 디캐프리오의 모습은 지금의 후덕해진 인상과 완전 딴판이다. 길쭉한 팔다리와 곱상한 얼굴, 부드럽게 웨이브 진 금발 머리로 그는 랭보를 연기했다. 연기는 나쁘지 않은 편이었다고 생각한다. 폴베를렌 역할의 데이비드 슐리스 또한 베를렌 특유의 광기와무능, 섬세함과 난폭함이 교차하는 성정을 제대로 표현했다고 여긴다. 하지만 영화 자체는 실망이었다.

한국 개봉 당시, 한 영화평론가의 촌평이 아직도 기억난다. "〈지옥에서 보낸 한 철〉의 단 한 구절도 안 느껴진다." 동의했었다. 그리고 다시 보고 나서도 그 판단이 별로 교정되지 않는다. 랭보와 베를렌의 동행과 추문은 당대에도 큰 화젯거리였다. 그들은 기독교 문명에 반항(랭보)하고 술과 황음荒淫에 빠졌음에도 가톨릭으로 개종(베를렌)할 정도로 격렬한 영적 충동 혹은 충돌에 시달렸던 인물들이다. 아울러 세상 또는 인간의 가장 비루하고 처참한 정서와 욕망을 거리낌 없이 표출했다. 그렇게 그들은 사후 프랑스뿐 아니라 전 세계 시인들의 모델 혹은 멘토가 되었다. 하지만 그들의 삶은 폭력적이고 뒤틀리고 결과적으론 처참했다. 멀쩡한 사람이라면 엄두도, 감당도 못할 에너지에 휩쓸린 자들. 〈토탈 이클립스〉는 그러한 추문과 참상(?)을 껍데기만 훑은 영화라 생각된다. 무슨 문제였을까.

잘생겼으나 투박했던 소년의 반항

프랑스 시인들을 다룬 영화가 영어 대사로 일관하는 건 제작 당시 여러 상황을 고려하고 감안하면 넘어갈 수도 있는 문제다. 시인에 대한 영화라고 해서 모든 대사가 시적일 필요도 없다. 그랬다면 외려 더 형식적이고 겉멋만 부린 영화가 될 수도 있을 것이다. 어릴 적부터 골수 '랭보빠'였던 나였기에 욕심이 과한 것일 수도 있다. 영화에서도 랭보는 오만방자하고 안하무인이고 격렬한 성격의 소유자로 등장한다. 내가 아는 랭보도 크게 다르지 않다. 그럼에도 랭보의 실제

모습이 과연 저랬을까, 하며 수긍하기 힘들었다.

실존했던 인물을 영화화하면서 그 사람을 실재했던 그대로 똑같이 묘사할 필요는 없다. 모종의 극화와 유별난 특징에 초점을 맞춰 형상화할 수도 있다. 그렇다 하더라도 결국 시인에 대한 영화다. 그런데 영화는 잘 알려진 그들의 에피소드를 삽화 나열하듯 진행된다. 캐릭터와 주제가 아무리 확실하더라도 단순 서사 구조만으로 시적 영혼을 표현하는 것 자체가 오류다. 고흐의 후반생을 건조하나 적나라하게 훑은 모리스 피알라나 너저분하고 비루한 일상에서 우아한 보석을 캐낼 줄 아는 에릭 로메르 같은 감독이 만들었으면 어땠을까. 아니면 어느 날 갑자기 랭보를 열독해버린 쿠엔틴 타란티노가 특유의 엉뚱함과 발칙함으로 만들었으면? 물론, 괜히 해보는 상상이다.

랭보는 시골 촌뜨기 출신이다. 막말과 도발적인 언행은 그러한 콤플렉스의 소산일 수도 있다. 그는 소위 '파리식 교양'과는 거리가 먼 사람이었다. 훤칠한 외모에도 불구하고 여성에게 사랑받지 못한 인물이었다. 소년 시절 시골에서 어느 소녀에게 투박하게 고백했다가 거절당하곤 여성 혐오에 빠지기도 했다. 초기 시 중 당시의 심정을 노골적으로 표현한 작품도 있다. 종교 교리에 집착하는 고지식한 어머니와 베를렌 처가의 부르주아적 사고방식에 반항해 더 그랬을 것이다. 그 탓인지 위대한 예술가에게 으레 따라붙는 여성 편력도 없었다. 아프리카에서 사업할 당시, 몸종처럼 부리던 현지 여성 몇 명이 자료에 남아 있는 정도다. 더 자세하고 깊숙한 사연은 나로선 알 수 없다.

영화는 시를 어떻게 표현할 수 있을까

랭보의 시는 불덩어리가 작렬하는 듯한 폭발력과 불교적 명상성이 뒤섞여 있다. 정연한 공존이라기보다 총체적 혼합이다. 그래서 격렬과 명상이 더 적나라해진다. 때로 혼돈의 소용돌이처럼 여겨지기도 한다. 그러면서 동시에 괴이한 유머와 신비로운 미감과 리듬감이 현실과는 다른 차원의 또 다른 세계의 지평을 연다. 베를렌, 말라르메, 보들레르 등과 19세기 상징주의 시를 대표하는 것으로 알려져 있지만, 유럽의 정통적 미의식과 세계관에 충실했던 셋과는 또 다른 세계다. 릴케 등과 더불어 한국에서 가장 많은 번역본과 관련 서적이 출간된 대표적인 유럽 시인이지만, 정말 랭보를 깊숙이 읽고 그가 겪은 '지옥'을 제대로 겪어본 이는 얼마나 될까.

굳이 권장하고 싶지는 않다. "너희가 게 맛을 알아?"라는 식으로 "너희가 랭보를 알아?"라고 말하고 싶은 마음도 일절 없다. 다만, 〈토탈 이클립스〉를 보고 예전이나 지금이나 생각하게 되는 사항일 뿐이다. 시인의 삶을 다룬 영화에 시의 정수가 안 느껴진다면 그건 뭐지, 싶은 순전히 개인적인 불만에 불과할 수도 있다. 어떻게 시를 영화로 옮겨낼 수 있을까 하는 건 영화 탄생 초창기부터 어떤 이들이 고민했던 사항이기도 하다. 영화는 대개 잘 짜인 서사 구조로 관객의 공감을 이끌어내는 매체로 통한다. 동의 못할 바 아니지만, 내가 체험하는 영화는 조금 다른 측면이 있다.

영화는 빛과 소리, 사람의 움직임과 풍경, 그리고 소리의 종합체다. 머리보다 몸이 반응하게 되는 감각적 질료인 거다. 엄청난 스펙터클이 펼쳐지거나 사람의 육체적 한계를 훨씬 넘어서는 스턴트가 펼쳐지면 머리 쓸 겨를도 없어진다. 반대로, 사람의 아주 미세한 표정이나 바람과 비 등의 자연물이 어우러져 일견 범상해 보이는 풍경을 신비롭게 여겨지게도 만든다. 나는 그게 영화가 가진 시적인 울림이라 여긴다.

시가 무엇인가. 빤해 보이는 세계의 틈새에서 전혀 빤해 보이지 않는 세계의 이면을 밝혀내는 작업 아닌가. 눈에 보이는 그대로를 갑자기 한 번도 본 적 없거나, 눈으로는 도저히 볼 수 없는 것으로 변화시키는 마술. 그건 일상의 관성이 매몰시켜버린 보다 본질적이고 투명한 세계의 실체일 수 있다. 입에 발린 달콤한 말이나, 당장의 고통이나 상처에 연고나 발라주는 것 같은 언어가 시를 빙자할 수는 없다. 그런 게 시라고 선전되는 사회는 이미 고장 나고 일그러진 사회다. 시인은 그래서 때로 미치거나 한심해진다. 아무리 우주를 꿰뚫는다 해도 자신을 둘러싼 현실의 콧털만 한 무게에도 쉽게 허물어질 수 있는 존재가 시인이다. 랭보도, 베를렌도 그랬다. 그래서 그들은 비참하고 비루했다. 〈토탈 이클립스〉에서 나는 그것을 볼 수 없었다. 그저 누군가를 닮은 누군가들이 누군가의 고통을 흉내 내고 있다는 느낌뿐이었다.

착란을 직접 쓰고, 더 혼란스러운 착란 속에 살다

토탈 이클립스(개기 일식)라. 해와 달이 겹치는 건 우주의 일시적 착란이지만, 그 착란 자체가 또한 우주의 기본 질서다. 랭보는 시를 '의도적이고 조직적인 착란'이라 규정한 적 있다. 착란은 당연히 일상적 감각과는 다르거나, 뒤틀리거나, 넘어선 상태다. 특별한 현상 같지만, 사람은 알게 모르게 일시적인 착란과 착각에 빠질 때가 있다. 사랑도 결국 일시적인 착각과 착란에서 시작한다고 말해도 극언은 아닐 것이다. 랭보와 베를렌은 그 착란을 직접 쓰고 살다가 죽었다.

갑자기 어디선가 누군가의 무덤이 운다. 시가 울고 천둥이 치고 해와 달이 서로 얼굴을 가려 세계의 음영을 바꾼다. 우주가 통째로 하얗고 통째로 새카맣다. 세계가 요란벅적 시끄럽고 뱃속처럼 고요하다. 영화에서 진짜로 느껴야 할 건 그런 게 아닌가 생각한다. 시는 말할 것도 없다.

시가 무엇인가. 빤해 보이는
세계의 틈새에서 전혀 빤해
보이지 않는 세계의 이면을
밝혀내는 작업 아닌가.

망하거나 죽지 않고
그저 변화할 뿐이야!

토드 헤인즈, 1998

글램록은 1970년 영국을 중심으로 붐을 일으켰다. 장르라기보다는 비틀즈와 레드 제플린, 핑크 플로이드 등이 영국을 넘어 미국까지 '침공'한 직후 나타난 일종의 '스타일'이라 할수 있다. 짙은 화장을 한 남성 뮤지션들이 화려한 색감의 요란한 의상을 입고 부기우기와 로큰롤이 결합된 사운드를 바탕으로 당시로선 기묘한 주제를 노래했다. 동성애(혹은 양성애)와 마약, 외계인 등이 주된 내용이었다. 그 중심에 2016년 새해 벽두에 사망한 데이비드 보위가 있었다.

데이비드 보위의 노래가 없는
데이비드 보위에 관한 영화

토드 헤인즈 감독의 〈벨벳 골드마인〉은 데이비드 보위의 젊은 시절 전성기를 바탕으로 만들어졌다. 당시 열풍을 일으켰던 글램록 스타들의 노래들이 배경에 깔리지만, 정작 데이비드 보위의 노래는 한 곡도 나오지 않는다. 제작 당시, 데이비드 보위는 이 영화에 난색을 표했다. 자신의 젊은 시절에 대한 왜곡과 과장으로 일관한다고 여겼기 때문이다. 보위는 자신의 노래를 인용하도록 허락하지 않았다. 대신 보위와 절친했던 동료들의 대표곡들 대부분이 원곡 그대로, 혹은 제작 당시 활동하던 밴드들의 연주로 영화 속에 재생된다.

주연을 맡은 조너선 리스 마이어스와 이완 맥그리거가 직접 부른 곡도 다수다. 이기 팝, 루 리드, 티렉스. 록시 뮤직, 슬레이드 등의 노래가 현란한 모자이크처럼 귓전을 줄곧 때린다. 세련되게 편집된 뮤직비디오 같기도, 어떤 비밀스러운 인물의 일생에 대한 페이크 다큐처럼도 여겨진다.

영화는 1854년에 태어난 아일랜드 작가 오스카 와일드를 소환하는 것으로 시작한다. 요란한 의상과 현란한 입담, 날카로운 풍자와 아스트랄한 미의식으로 영국을 넘어 미국에서도 커다란 인기를 누렸던 그는 가히 록스타의 원조라 불릴 만하다. 파리 페르라셰즈에 안장된 그의 무덤은 지금도 꽃다발과 여러 국가의 언어로 쓰인 헌정 문구와 키스 마크로 점철된 유리막에 둘러싸여 있다. 미의 개념, 그리고 삶과 예술의 본질에 대한 촌철살인을 통해 예술의 의미와 가치를 새롭게 정립한 그는 그 자신이 커다란 이미지가 된 사람이다. 동성 애인이었던 젊은 남성의 고발로 감옥살이까지 해야 했던 말년의 불운은 외려 그의 아름다움을 수식하는 질 좋은 화분으로 여겨질 정도다. 〈벨벳 골드마인〉은 데이비드 보위의 삶에 오스카 와일드의 세계관을 이입한 작품이라 할 수 있다.

오스카 와일드, 100년 후 록스타로 소환되다

1960년대 후반, 짙은 메이크업을 한 채 뚱딴지같은 내용의 노래를 부르는 브라이언 슬레이트(조너선 리스 마이어스)라는 남자가 영국 팝계에 나타난다. 대중은 비난과 조롱을 퍼붓는다. 그러다가 영악하고 기민한 프로듀서 제리의 눈에 들어온다. 제리는 이 괴상한 미운 오리를 순식간에 백조로 환생시킨다. 영국 팝계가 뒤집어지고 미국까지 진출한다. 미국에서 브라이언은 자학과 냉소로 무장한 록 싱어 커트 와일드(이완 맥그리거)에게 매혹된다. 브라이언은 제리를 설득해 마약에 찌들어 폐인이 되다시피 한 커트의 갱생을 돕는다. 브라이언과 커트는 결국 사랑에 빠진다. 브라이언에게는 맨디(토니 콜렛)라는 아내도 있는 상태. 마약에 찌들어 동성과 양성을 넘나드는 난교 파티가 이어진다.

그러다가 어느 순간, 자신의 삶에 환멸을 느낀 브라이언이 공연 중 암살당한다. 대중은 이 엄청난 사건에 경악한다. 그런데 얼마 안 가 내막이 밝혀진다. 실제로 암살당한 게 아니라 그 자체가 설정된 쇼였던 거다. 언론에 대서특필되고 브라이언은 사라진다.

10년 후, 〈뉴욕 헤럴드〉 기자 아서 스튜어트(크리스천 베일)가 브라이언의 행방을 추적하려 영국으로 날아온다. 아서는 브라이언의 광팬이었다. 영화는 아서가 브라이언을 추적하며 과거 지인들을 만나 증언을 듣는 형식을 취한다. 그러면서 글램록에 미쳐 있던 아서의 어린 시절이 브라이언, 커트 등의 삶과 교차되면서 당시 글램록 열풍의 허와 실을 성찰한다. 1980년대가 시작되기 직전이다. 브라이언과 커트는 이제 대중에게 잊혔다.

삶은 이미지다

본인들의 의지이기도, 세상의 변화에 휩쓸린 탓이기도 하다. 마지막에 밝혀지는 브라이언의 모습은 10년 전과는 전혀 다르다. 씁쓸하기도 우스꽝스럽기도 하다. 브라이언은 화려하고 순수해 보였던 꽃이 세상의 요란한 조작을 통해 가공된 조화造花에 불과했음을 깨달은 것일 수도 있다. 그는 전성기 시절 "삶은 이미지다"라고 밝힌 적 있다. 화려하고 신비스러운 록스타의 삶, 그리고 어처구니없는 암살 쇼, 또 그리고 영락한 것으로밖에 보이지 않는 10년 후의 삶. 진실은 애초에 없거나 꾸며지거나 변질된다. 그는 그것을 깨닫고 자신을 다른 사람으로 만들어버린다. 이 역시 조작이지만, 거대한 미디어의 장삿속과 대중의 무지한 환상을 버무려 만들어진 조작된 삶을 뒤집는 건 또 다른 조작밖에 더 있겠는가. 브라이언은 토미 스톤이라는, 이전과는 전혀 다른 이미지의 느끼한 '중년 가수'가 되어 있다.

데이비드 보위가 왜 이 영화에 난색을 표했는지 이해할 만하다. 1998년이면 보위가 여전히 다양한 음악적 실험을 전개하며 왕성하게 활동하던 무렵이다. 그는 시쳇말로 '변신의 귀재'였다. 포크록과 로큰롤에서 시작해 글램록, 디스코, 일렉트로닉, 월드 뮤직 등 그가 섭렵하지 않은 음악이 거의 없을 정도다. 1970년대 초반의 글램록커 시절은 그가 스타로 성장하는 기반이 되었지만, 그는 자신을 특정한 이미지 혹은 특정한 스타일 안에 가둬두지 않았다. 이는 음악에만 한정되지 않는다. 보위가 패션계에 일조한 몫은 실로 지대하다. '대중음악의 피카소'라는 표현이 과장만은 아닐 정도.

브라이언은 화려하고 순수해 보였던 꽃이 세상의 요란한 조작을 통해 가공된 조화造花에 불과했음을 깨달은 것일 수도 있다.

〈벨벳 골드마인〉은 보위가 1972년 발표한 앨범 'The Rise and Fall of Ziggy Stardust'에서 모티프를 따왔다. 제목도 그 앨범의 수록곡에서 따왔다(하지만 전술했다시피 영화에서 보위의 곡은 누구에 의해서도 불리지 않는다). 보위의 출세작이지만, 그는 그 앨범 한 장, 그리고 그 스타일로만 자신이 한정되기를 원치 않았다. 더욱이 영화에는 보위의 실제 사생활로 오인 혹은 호도될 만한 내용들도 상당하다. 다만, 그와 절친했던 이기 팝, 루 리드 등과의 사연이 커트에게 빙의되다시피 인용된다. 그들뿐 아니라 커트에게선 짐 모리슨과 1990년대 벽두에 록 음악의 애티튜드를 혁명적으로 뒤집어엎은 커트 코베인의 그림자도 느낄 수 있다.

변하고 변하니, 안 변하는 것이 곧 죽음이다

'지기 스타더스트의 흥망성쇠'. 지기 스타더스트는 당시 데이비드 보위가 가상으로 만들어낸 자신의 페르소나 혹은 캐릭터였다. 영화에서는 물리학에서 따온 '맥스웰 데몬'이라 지칭된다. 변화와 관련한 용어다. 변화는 자의적이기도 수동적이기도 하다. 삶은 계속 흐르면서 변화한다. 유행도 환희도, 비극도 코미디도 무시로 흐르면서 사라지기를 거듭한다. 그 거대한 변화의 흐름 속에서 꽃이 피거나 피를 흘리거나 우주를 깨닫거나 지옥을 경험하는 것도 한순간의 일이다. 그리고 그 순간은 순간 자체로 영원하다. 잊히거나 되새겨지는 것도 마찬가지. 본질은 그대로이되 화장술만 바뀌고, 화장을 지우고 나면 문득 나 자신이 낯설거나 이물스러워질 때가 있다.

브라이언이 브라이언이던 시절, 개화 직전의 꽃을 마이크삼아 노래를 부르는 뮤직비디오를 촬영한다. 설정된 캐릭터와 우스꽝스럽기도 화려하기도 한 세트 안에서 브라이언의 목소리와 숨결에 의해 꽃잎이 활짝 열린다. 그 꽃은 나중에 어떻게 됐을까. 버려졌든 누군가의 꽃병에 꽂혔든 결국 시들었을 것이다. 시든 꽃은 또 어떻게 되었을까. 모든 꽃이 그러하듯 자연의 눅눅한 폐기물이 되어 다시 흙이 되고 물이 되어 어디론가 흘러갔을 것이다. 그리고 그 흙과 물이 또다시 누군가를 꽃 피워 세상 한 모서리를 빛내다가 다시 또 다른 무언가로 변할 것이다.

'벨벳의 노다지Velvet Goldmine'라. 그건 세상 안에도 세상 밖에도 존재하지 않을지 모른다. 그럼에도 불현듯 세상 한가운데 나타나 누군가를 홀리고 누군가를 기쁘게 하고 또 누군가를 슬픔에 빠지게 할 것이다. 노다지란 게 그렇지 않던가. 한 때의 영화榮華가 영화 그 자체로 몰락의 시발이 되는 것. 누구나 그렇다. 그래도 누구나 오늘을 노래하지 않으면 몰락도 영화도 자신만의 것, 자신만의 삶이 되지 않을 것이다.

늑대의 시간
Vargtimmen

두 개 이상의
세계에서

영화로 쓰는 날 1968

예술가는 두 개 이상의 시간 혹은 시공에서 사는 존재라 할수 있다. 어느 소설가가 엽기 연쇄살인마에 관한 소설만 줄곧 써댄다고 해서 그를 연쇄살인마라 일컬을 수는 없듯, 괴물 같은 형상을 시종일관 그려대는 화가를 괴물이라 단언할수도 없다. 연쇄살인마든 괴물이든 일종의 환상의 소산이다. 그 환상은 예술가 내부의 고유한 체험과 세계관에 의해 출현한다. 소설가가 창조한 연쇄살인마나 화가가 그려낸 괴물은 예술가 자신이 세계와 자신 사이에서 벌이는 갈등과 사투의 흔적이랄 수 있다.

마음의 병을 훑는 영혼의 내시경

일상적 삶이라는 건 대체로 어떤 사람이나 엇비슷해 보인다. 하지만 그 내부를 들여다보면 오로지 자신만이 떠안고 있는 고민과 고통과 상처가 있다. 굳이 예술가가 아니어도 마찬가지다. 주식을 불리는 사람이든, 국가를 지키는 사람이든 자신의 사명이나 삶의 목적에 의해 부가되는 각기 다른 가치가 있다. 그로 인해 타인은 결코 이해할 수 없는 세계 하나쯤은 누구나 가지거나 꿈꾸게 된다. 그리고 그게 때로 병이 되거나 폭력을 불러오거나 자기 자신은 물론 타인에게 상처의 빌미가 되기도 한다.

잉마르 베리만은 자아와 타인과의 관계 및 그로 인한 상처와 모순의 음영을 줄기차게 파헤친 감독이다. 일차원적인 3인칭 서사의 규칙으로 그의 영화를 이해하려 들면 난삽하고 지루하고 암울한 장면들만 나른하게 바라볼 수밖에 없게 된다. 베리만은 인간관계에서 발생하는 '마음의 병'의 인과와 핵심에 대해 메스를 든다. 보다보면 '영혼의 내시경 필름'이라는 표현이 선뜻 떠오르기도 한다. 인물들은 항상 어딘가 뒤틀려 있고 마음의 온도가 지나치게 차갑거나 뜨거워 보인다. 목에 사레라도 걸린 듯 뭔가 갑갑해 소리치고 싶은 심정을 느끼게도 만든다.

다 보고 나서도 그 이상한 갑갑증이 해갈되진 않는다. 되레 더 막막하고 먹먹한 공허 같은 게 몰려온다. 그런데 그게 굉장히 매혹적이다. 낱낱이 쪼개지고 이지러진 마음의 균열을 고스란히 찍어낸 뢴트겐 사진을 보는 듯한 느낌도 있다. 그 사진이 왠지 이 세계의 진짜 지도같이 느껴진다. 음영이 분명히 나뉜 그 지도는 사람이라면 그 속에서 평생 헤매고 방황해야 하는 숙명의 도해圖解 같기도 하다. 누구도 괴물은 아

189

니지만, 누구나 괴물이 될 수 있다는 암시의 부적이랄까. 〈늑대의 시간〉은 베리만의 영화 중 그 '부적'을 가장 직접적으로 드러낸 작품이라 할 만하다.

그들은 나의 환상이고, 그들의 환상이 나인가

화가 요한(막스 폰 시도브)은 아내 알마(리브 울만)와 함께 외딴섬에 들어와 그림에 몰두한 지 7년째다. 요한은 항상 절망 중이다. 그림에 몰두할수록 그림으로부터 멀어지고 알마와의 사랑을 온전히 유지하려 할수록 알 수 없는 갈등에 휩싸인다. 알마는 요한의 절망과 분열을 고스란히 떠안은 채 그를 보호하려 한다. 요한은 불면과 환상에 시달리는데, 그 내용을 일기로 적어놓는다. 그림은 점점 기괴해진다. 알마와 섬의 풍경을 그리는 동시에, 섬뜩하고 형상을 알 수 없는 이상한 그림들도 쌓여간다. 요한은 현실과 환상의 경계를 지워버리는 상태에 이르고 만다.

섬엔 폰 메르켄이라는 성주가 있다. 요한과 알마는 그의 성에 저녁 식사 초대를 받아 간다. 모차르트의 오페라 〈마술피리〉가 상영되는 등 영화의 중반 이후는 그 성에서 벌어지는 기괴한 일들로 점철된다. 그 성이 실제로 존재하는지 요한의 환상에 불과한지는 이 영화의 주요한 쟁점이 되는데, 성에 나타나는 인물들 또한 마찬가지다. 모든 게 실재하는 듯 보이지만 모든 게 환상이고, 모두 사람인 듯싶지만, 그저 환영이거나 유령이라 불릴 만한 소지도 다분하다. 프로이트나 라캉의 정신분석 이론을 토대로 분석한 내용들도 국내외 막론 적지 않지만, 새삼스레 이론적 확증이나 분석을 내놓진 않겠다. 이 영화가 예술가에 대한 베리만 나름의 존재론적 성찰에서 출발한다는 점만 밝히겠다.

굴레를 표현하지 않으면 풀리지 않는 굴레라니!

앞서 예술가는 두 개 이상의 세계에 산다고 했거니와, 요한은 그러한 분열증을 표일하게 드러내는 인물이다. 그는 현실을 그리는 동시에, 현실 표면엔 드러나지 않는 자신의 내적 세계에 휘둘리듯이 빨려 들어간다. 알마는 그가 완전히 현실을 이탈하지 않도록 고삐를 죄어주는 인물이지만, 결국 알마 또한 요한의 환상 속에 빠져버리고 만다. 하지만 알마는 요한의 환상 속에서 가장 구체적이고 현실적으로 살아 있는 인물이다. 어쩌면 요한은 알마라는 구체적 대상이 존재하기에 더 깊은 환상 속으로 빠져버린 것일 수도 있다는 역설도 성립 가능하다.

알마는 요한의 환상에 동참하되, 요한을 환상 바깥으로 다시 끌고 나오는 존재이기도 하다. 요한의 환상은 오래도록 품어온 죄의식과 강박의 소산이다. 알마를 만나기 전 사랑했던 베로니카라는 존재는 요한의 강박을 대표적으로 표상하는 인물이다. 요한이 그리는 그림들은 자신 안에 내재한 여러 다른 존재를 현실 바깥으로 끄집어내는 원인이자 결과이다. 모든 예술가가 그런 식으로 자신을 표현하고 자신만의 세계를 구축한다는 건 새삼 말할 필요도 없다. 그게 곧 예술가의 진심이자 능력이자 동력인 동시에, 정신적 굴레이자 억압으로 작용한다는 사실 또한 부언 불필요하다. 하지만, 그 굴레를 떼어내지 않으면 더 이상 어떤 예술 작업도 예술가에게 무의미하다는 점에서 끝없이 되새겨지는 예술의 기본 원리이기도 하다.

요한을 성으로 불러들인 자들은 요한의 환상이자 요한이 현실에서 맞닥뜨린 소위 '예술 후원자'들의 악랄한 가면을 암시한다. 그들에게 예술가는 자신들의 환상이나 미의식, 품위와 허영을 치장해주는 일개 장식물에 지나지 않는다. 속을 썩이고 내장을 불태우듯 자기 자신과 분투하여 완성한 작품에 대해 그들은 단 몇 마디의 안일한 재단으로 자신의 위세를 드러내곤 한다. 요한에게 그들은 시체를 뜯어먹고 사는 까마귀이거나 살아 있는 그대로 죽어 있는 시체나 마찬가지다. 요한의 정신적 균열을 더 깊숙이 난자하며 그들은 깔깔거리고 이기죽댄다. 물론, 이 역시 요한의 강박일 수 있지만, 그 강박이 현실적인 내상과 고통을 불러일으킨다는 점에서 그들은 악마이다. 더 골치 아픈 건, 요한은 그 악마들의 지령(?) 없이는 그 어떤 그림에도 몰두할 수 없다는 점. 요한은 쪼개진다. 그 쪼개진 틈엔 요한 스스로도 돌이키고 싶지 않은 어떤 원형적 죄의식이 있다.

바다의 침묵, 그 고요는 얼마나 많은 말을 전하는가

요한이 알마에게 자신의 환상을 설명하는 내용 중 핵심적인 장면이 있다. 바닷가에서 그림을 그리다가 낚시를 하는 요한에게 한 소년이 접근한다. 소년은 요한의 등 뒤에 그림자처럼 바짝 붙는다. 요한은 소년이 자신을 물에 빠뜨릴지도 모른다는 공포에 사로잡힌다. 소년이 자신의 그림을 보려 하

예술가는 언제나 자신 안에 갇혀 있다. 낚싯대를 드리우나
결국 그가 낚는 건 자신의 또 다른 환상뿐이다.

자 요한은 짜증을 낸다. 요한에게 소년은 사람이 아니라 뱀이거나 미친개나 마찬가지다. 이내 요한과 소년이 엉겨 붙어 싸운다. 치고받고 넘어뜨리는 게 아니라 서로 목과 어깨를 물어뜯는 방식이다. 그러다가 소년이 쓰러진다. 요한이 자리를 뜨려 하자 소년이 갑자기 요한의 발을 물어뜯으며 다시 덤빈다. 요한이 돌을 집어 들어 소년을 여러 차례 내려친다. 그러곤 소년의 시체를 바다에 던져버린다. 물속에 가라앉는 소년의 머리카락이 수면 위에 무슨 산호처럼 꿈틀꿈틀 떠 있다.

이 장면에서 대사는 하나도 없다. 급박하게 죄였다가 다시 느슨해지는 음악과 거친 행위만 진동한다. 요한에게 소년은 어떤 존재일까, 하는 물음은 여러모로 대답 가능하다. 자신의 어린 시절일 수도, 어린 시절 품었던 막연한 에로스적 환상의 대리물일 수도, 평생토록 그의 멍에를 자극하는 뱀의 유혹일 수도 있다. 뭐라 해석하든 요한이 결국 그 환상과 억압의 굴레에 사로잡혀 있다는 암시만은 분명하다. 산호처럼 떠오른 소년의 머리카락은 바다 한가운데 외따로 떠 있는 섬 같아 보인다. 요한이 그림을 그리려고 멀리 떠나온 섬이 바로 그 소년의 머리 위가 아닌가 싶어질 정도다.

사랑도 결국 타인의 일

　반복건대, 예술가는 두 개 이상의 세계를 실제로 산다. 그 두 세계 사이에서 많은 사람을 만나고 헤어지면서 싸우고 사랑하기도 한다. 그럼에도 그는 결국 항상 혼자다. 사랑하는 사람도 그가 넘나드는 세계의 아름다운 교량이 될 수는 없다. 사랑도 결국 타인의 일이다. 예술가는 언제나 자신 안에 갇혀 있다. 낚싯대를 드리우나 결국 그가 낚는 건 자신의 또 다른 환상뿐이다. '그'에게 '나'는 늘 헛것이다. 그리하여 '나'는 그가 아는 모든 사람이다. 이것은 예술에 대한 '비터스윗'한, 영원히 답이 돌아오지 않는 공허한 질문에 불과하다. 예술은 바로 그렇기에 누군가에겐 유효한 업이자 굴레이다. 나무아미타불.

카르멘
Carmen

이 도저한 격동은
내 안의 충동인가,
당신으로 인한 도발인가

카를로스 사우라, 1983

춤은 굉장히 특별한 동작 같지만, 그렇지 않을지도 모른다. 언어나 도구가 발명되기 한참 전엔 사람의 움직임이 지금과 많이 달랐다. 주로 쓰는 근육과 몸 각 부위의 활용도가 오랜 시간 동안 엄청나게 변했다. 인간은 직립하는 존재이지만, 직립이 완성되면서 몸의 구조도 변화했다. 유별난 인류학적 근거를 새삼 제기할 생각은 없다. 다만, 가끔 상상해볼 뿐이다. 문명이 발달하기 이전엔 사냥할 때나 사랑을 나눌 때나 몸을 보호하기 위한 행동이 지금과 어떻게 달랐을까. 모든 춤은 거기서 출발한다.

아주 옛날 사람들은 어떻게 움직였을까

어느 대륙, 어느 나라에나 고유한 춤이 존재한다. 역시 언어 이전이다. 다르게 말하자면, 뭔가를 소통하고 표현하기 위해 사람은 춤을 개발했을 거라는 뜻이다. 그건 특정 지역의 식습관과 기후, 그리고 그로 인한 사람의 기질과 깊게 연관돼 있다. 살풀이 등 한국무용은 주로 지신地神 밟기에서 유래한 발놀림에서 시작됐다. 아르헨티나의 탱고나 발리의 무용이나 결국 그들만의 문화적 특성을 나타낸다. 스페인의 플라멩코는 집시에게서 유래했다. 자유와 사랑, 고통과 분노에 기반한 격렬하고도 서글픈 기타 음색, 요동치는 스텝이 주요 특징이다. 스페인의 거장 카를로스 사우라는 중년을 넘긴 이후 그 리듬, 그 안에서 진동하는 스페인의 전통과 영혼에 집착했다. 〈카르멘〉은 그런 작품 중 하나다.

시인 페데리코 가르시아 로르카의 희곡 《피의 결혼식》을 영화로 옮긴 지 2년 만이었다. 플라멩코 춤의 대가 안토니오 가데스와 역시 플라멩코 기타 명인 파코 데 루치아가 두 작품에 다 참여했다. 유명한 문학작품을 춤 공연으로 옮기면서 벌어지는 일들을 다뤘다는 점에서 〈피의 결혼식〉(1981)이나 〈카르멘〉은 대동소이하다. 다만, 〈카르멘〉엔 약간의 영화적 서사가 첨가됐다.

프랑스 소설가 프로스페르 메리메의 유명한 소설을 뮤지컬 공연으로 옮기려 하는데, 연출을 맡은 안토니오 가데스는 카르멘 역할을 할 배우를 찾지 못해 고민한다. 그러다가 딱 적합해 보이는 여배우를 알게 된다. 호세로 분한 안토니오 가데스와 카르멘으로 분한 여배우가 연습 중에 사랑에 빠진다. 여배우에겐 수감 중인 남편이 있다. 남편이 출감하자 둘의 관계가 난감해진다. 그러면서도 계속 뮤지컬을 만들어나간다. 원작의 설정을 그대로 옮겨온 셈이다. 둘 사이의 이상한 혼란과 그럼에도(아니, 그렇기에?) 더욱 정교해지는 연출과 춤 동작이 이 영화의 진짜 볼거리다.

춤에 의한, 춤을 위한, 춤에 대한 영화

명인이라 불릴 만한 전문 댄서와 세계적인 뮤지션이 세계적인 영화감독을 만나 어우러진 극중극 형식이라 할 만하다. 무시로 음악이 격동하고 춤이 꽃송이들처럼 때론 고요하게, 때론 강렬하게 분출하지만, 태풍의 눈 같은 내밀한 긴장이 느껴지기도 한다. 갑자기 사랑에 빠진 남녀 댄서는 자신의 감정을 숨긴 채 배역에 몰입해야 하고, 감정의 밀도가 격앙될수록 더 고요하고 차분하게 동작의 마디들을 이어나가야 한다. 발끝 하나 손끝 하나가 정지된 상태로 내밀하게 격동한다. 눈빛과 땀이 보이지 않는 에로스를 뿜어내고, 교차하는 팔다리가 서로 당겼다가 밀었다가 한다. 문득, 사랑의 실체 같은 걸 보게 된다고나 할까.

사랑은 늘 돌발적이다. 그럼에도 시간이 지난 이후 선후 관계를 따져보면 뭔가가 정확하게 계산된 듯 꽉 찬 '구조'가 느꺼질 때가 있다. 처음엔 일상으로부터의 일탈(딱히 불륜이 아니더라도)이 발생한다. 몸도 마음도 내 것인 동시에, 상대를 향해 한없이 떠밀려 가며 문득 자신을 잃게도 된다. 동시에 더 분명하고 확실하게 자기 자신임을 스스로에게, 그리고 상대에게 어필하려 하게 된다. 사랑은 내부의 균열이자 외부와의 충돌인 동시에 내·외부를 통튼 격렬한 전쟁과도 같다. 그리고 그 전쟁이 끝났을 때, 뭔가 명료해지는 게 있다. 누가 쓰지도 않은 각본이 나를 다시 변화시키고 다른 생각을 하게 만들어버리는 일. 그 안에서 환희하고 때론 허우적대며 내가 나의 가면을 벗거나 들통나버리는 일. 춤은 어떠한가.

사랑도 춤도 결국 살아 있는 몸의 일

일반인이 처음 춤을 배울 땐, 스스로가 박살 나는 듯한 기분을 느낄 수 있다. 성인일수록 더 그렇다. 근육은 손상되었고, 특정 부위는 거의 퇴화하다시피 했으며, 호흡은 가슴 위로 떠 모든 게 삐딱하다. 걷는 것, 서 있는 것부터 다시 배워야 할 것 같다. 체력적으로 힘든 건 말할 것도 없다. 심하면 자의식 균열부터 체감하게 될지도 모른다. 일상에선 늘 편안한 대로, 기분 내키는 대로 사는 게 안전하다고, 몸 편한 게 마음 불편한 것보다 낫다고 여길 수도 있다. 하지만 춤은 그 모든 걸 다 갈아엎고 다시 시작하도록 유혹 혹은 경고한다. 그게 시작이자, 경계선의 출발이자, 춤으로 개화하는 몸의 최초 반응이다.

위 문단에 사랑을 겹쳐보자. 사랑도 결국 자기 균열이고, 일종의 파행이며, 갈아엎음 아니던가. 나를 변하게 하거나(또는 저절로 변하거나), 특정 생각이나 행위를 돌이켜 반성하거나, 자신의 모난 부분을 깎아내는 계기가 되지 않던가. 그럴 만한 상대가 아니라면 사랑은 그저 불장난에 그칠 수도 있다. 춤도 그렇다. 정녕 자신의 몸과 그 몸의 조밀한 쓰임새에 대한 궁극적인 재고와 성찰이 없다면 춤은 불가능하다. 단순히 잔기교를 익히거나 겉보기에 아름다운 몸매나 선을 꾸며내고자 한다면, 그건 춤을 흉내 낸 허풍에 지나지 않는다.

〈카르멘〉은 춤과 음악, 그리고 스페인 특유의 현란한 색감만으로도 오감 충족이 가능한 영화다. 그저 한없이 '와, 멋있다!'라며 감탄만 하게 될 수도 있다. 또는 잘 짜인 극적 양식이라고는 눈곱만큼도 없는, 일종의 뮤직비디오를 본 듯한 기분이 들 수도 있다. 무대에 올려지는 공연을 영화화한, 아니 그 과정을 영화로 만든 것에 그 어떤 오락적 쾌감이 있을 수 있겠나. 하지만 중요한 건 춤을 배우고 동작을 익히고 동선을 짜면서 자신의 안에서부터 발아하는 새로운 기운을 경험하는 것이다. 그런 점에서 〈카르멘〉은 그 어떤 액션영화보다 격렬하고, 그 어떤 애정영화보다 색정적이다.

대개 사람은 팔과 다리, 목과 허리는 자주, 그것도 아주 관성적으로 쓰지만, 몸통은 없는 듯 움직일 때가 많다. 그게 뇌로 혈류가 모이거나 가슴으로 호흡하는 습관을 낳는다. 우울과 불안 등도 그로 인해 유발되는 경우가 많다. 요가나 필라테스는 그런 상태를 완화시키는 기술적 형태들이다. 〈카르멘〉을 보면서 새삼 되새기게 된 생각이다. 배우들(댄서들)의 스텝은 일견 현란하고 복잡해 보인다. 그러면서 엄청 가벼워 보인다. 하지만 그 '가벼움'은 결국 어떤 '무거움'을 견뎌낸 상태에서 발현된다.

무거우나 더없이 풍요로운 내면의 힘

물리적으로 '무거움'이란 우선 자신의 체중이다. 중력은 자꾸 몸을 아래로 끌어내리려 한다. 중력은 지구 만물이 거역할 수 없는 절대적 힘이다. 그럼에도 자신의 무게를 견디는 자는 그것을 거슬러 움직일 수 있다. 그 힘은 인간 몸의 중심인 단전에서 나온다. 단전을 깨달으려면 일단 몸통이 자유로워야 한다. 정말 어려운 일이지만, 최소한 몸통이 어떻게 움직이고 반응하는지 자각이라도 해야 한다. 내장이 상하는 것도 몸통이 굳어서 그러는 경우가 많다. 여기에 또 사랑을 대입해보자. 사랑은 팔다리나 깔짝대며 입바른 소리 뱉어대며 애교 떠는 시늉이 아니다. 말 그대로 몸 전체로 받아들이고 받아내야 하는 일. 그 무게를 견뎌낼 때 사랑은 무거우나 더없이 풍요로운 내면의 힘이 된다.

앞서 아주 오래전 인간의 행동 방식에 대한 얘기를 했다. 수십만 년 동안 인간은 엄청나게 변했지만, 그래도 결국 변하지 않는 건 몸을 가지고 태어난 존재라는 사실이다. 몸이 죽으면 인간은 자연으로 바로 반납되는 지구의 일개 분자다. 그렇기에 외려 몸을 제대로 쓸 줄 알면 우주를 꿰뚫어볼 수도 있다. 과장 같은가. 최소한 자신 곁의 사람이나 자신을 둘러싼 세계의 핵심을 살필 수는 있을 거라고 정리하자. 그러니 춤춰라. 바보 못난이의 아장걸음이라도 슬슬 배워보자. 세상이, 그리고 당신 곁의 익숙한 존재가 달리 보일 수도 있으니.

그러니 춤춰라. 세상이, 그리고 당신 곁의
익숙한 존재가 달리 보일 수도 있으니.

4

광기 혹은 역사

다운폴
Der Untergang

누구나, 누구에게든
악마가 될 수 있다

올리버 히르슈비겔, 2004

1945년 이후 영화에서 가장 많이 다루어진 실존 인물은 아마 히틀러일 것이다. 전 세계 각지에서 히틀러 혹은 나치에 관한 영화가 만들어졌다. 그만큼 히틀러는 20세기 최고의 문제적 인물이자 전 세계적인 거악이었다. 2차 세계대전 이후 세계사의 정치와 이념, 도덕과 신념, 학문과 예술 등에 히틀러가 남긴 후유증은 지대했다. 히틀러는 인간이 얼마나 타인 혹은 다른 민족에게 잔악하고 파괴적일 수 있는지 역설적으로, 그리고 폭발적으로 반증한 인물로 남았다. 콤플렉스에 찌든 가난한 화가 지망생이 어쩌다가 세기의 악마로 둔갑하게 됐을까.

벙커에 갇힌 나치의 흥망성쇠

올리버 히르슈비겔 감독의 〈다운폴〉은 히틀러와 나치가 몰락하는 최후의 순간을 다룬 영화다. 독일어 원제는 〈Der Untergang〉. 영어로 번역된 제목을 한국어 음가로 그대로 옮겨오는 방식은 굳이 언급할 필요도 없이 구태의연하다. 심지어 한국에선 10년이 지난 뒤에 소리소문 없이 개봉했다가 금세 간판을 내렸다. 2016년 박근혜 탄핵 정국에 한국어 자막이 깔린 패러디 영상들이 돌아다녔는데, 한국 네티즌들의 재기(?)에 새삼 포복절도하게 되었다는 정도의 반향만 남았다고나 할까.

영화는 어두침침하고 삭막한 분위기로 시작한다. 소련군의 침공이 막바지에 달할 무렵이다. 히틀러(브루노 간츠) 및 나치 수뇌부들은 '퓌러붕크Führerbunk'(총통의 벙커)라 일컫는 베를린의 지하 벙커에 숨어 전황을 살피는 중. 일군의 젊은 여성들이 군인들에 이끌려 벙커로 들어온다. 히틀러의 타자수를 뽑기 위해서다. 히틀러는 많이 지치고 고뇌에 찌들어 보이지만, 잔뜩 얼어 있는 여성들에겐 여전히 위대하고 인자하신 '총통'의 위엄만 느껴질 뿐이다. 게다가 의외로 친절해 보인다. 이름과 나이, 고향과 직업 등을 묻고 나서 한 여성이 낙점된다. 이름은 트라우들 융에(알렉산드리아 마리아 바바). 영화는 이후, 그녀의 시점에서 가감 없이 전개된다.

전황은 독일군에게 매우 불리한 상태이다. 소련군은 이미 베를린 근처까지 쳐들어왔고, 쥐어짜내듯 수립했던 작전들은 매번 수포로 돌아간다. 몰락의 기운이 벙커 전체를 둘러싸고 있다. 평범한 처녀였던 트라우들 융에는 벙커 안의 상황을 낱낱이 목격하게 된다. 간부들의 내분과 거의 분열증에 사로잡힌 히틀러의 광기. 그러면서 여전히 이어지는, 여느 사람들과 다를 바 없는 따분하고 무기력한 일상. 히틀러의 정부(동반 자살 직전 결혼한다) 에바 브라운(율리아네 쾰러)은 그 와중에 요란스러운 파티까지 연다. 파티 도중 공습이 일어나 벙커 전체가 휘청거리는 동안에도 미친 듯이 마시고 춤을 춘다. 전쟁도 일상이 되면, 그리하여 죽음도 삶도 단 몇 센티 차이로 맞붙게 되면 외려 모든 것에 초탈하거나 둔감해지는 것인지도 모른다.

모두 잘못했지만 나는 아니야!

병색이 완연해진 히틀러는 전황에 대한 판단력이 흐려져 있다. 휘하 장군들을 독려하면서 자신의 판단을 병적으로 몰아붙이는 광기는 그 자체가 몰락의 기운에 사로잡힌 인간의 현실 부정과 자기합리화의 전형적 증상이라 아니할 수 없다. 그는 이미 미쳤고, 이미 쓰러지고 있으며, 이미 자신의 죽음을 머릿속에 새긴 상태다. 이성이 광기에 함락당한 자에겐 모든 게 불가능한 동시에 모든 게 가능하다는 착각만이 녹슨 작두처럼 의식을 지배할 뿐이다. 장군들은 장군들 대로 자신들만의 예감과 불안에 휩싸인 상태에서 서로를 헐뜯는 데 여

전쟁도 일상이 되면, 그리하여
죽음도 삶도 단 몇 센티 차이
로 맞붙게 되면 외려 모든 것
에 초탈하거나 둔감해지는 것
인지도 모른다.

넘이 없다. 삶도 죽음도 모두 남의 탓이고, 자신은 결백하고 정직하다고 믿는다. 이렇듯 죽음을 예감하며 자기 명분에만 집착하는 모습은 인간이 가진 오랜 속성이다. 모두가 잘못했지만 자신만은 예외라는 자기긍정, 아니 궁극의 자기부정. 전쟁통이 아니더라도 이런 모습은 일상에서 흔하지 않던가.

실화에 충실했던 만큼 장면 장면이 모두 핍진하고 설득력이 뛰어나다. 1981년 사망한 알베르트 슈페어(건축가이자 군수장관으로 괴벨스의 대표적 정적이었다)가 생전에 증언했던 내용과 2002년 영화 시사회 직후 자신이 할 일을 다했다는 유언을 남기고 사망한 트라우들 융에의 협조 덕이 크다. 거기에 배우들의 섬세한 연기가 자칫 지루하게 흘러갈 수도 있는 150분을 넉넉한 긴장감으로 가득 채운다. 요란스러운 전투 장면은 거의 나오지 않는다. 러닝타임 대부분이 삭막한 콘크리트 벙커 안에서 흐른다. 총포 소리가 난무하는 전투보다 더 맹렬하고 잔인한 인간의 내면이 사투를 벌이는데, 역사적으로 악인이라 낙인찍힌 사람이라도 결국엔 한 명의 나약한 인간에 불과하다는 사실을 확인할 수 있는 건 기본일 거다.

잘 자라 이쁜 아이들, 지옥에서 보자꾸나

히틀러 역할을 맡은 브루노 간츠는 스위스 출신의 독일 배우다. 빔 벤더스의 〈베를린 천사의 시〉(1993), 베르너 헤어초크의 〈노스페라투〉(1979) 등 출연한 작품마다 다채롭고 개성 있는 연기를 선보인 명배우인데 2019년 타계했다. 〈다운폴〉을 준비하면서 그는 히틀러 생전 녹음된 음성을 들으며 억양 하나, 발음 하나마저 섬세히 재연하려고 애썼다. 실제 외모의 유사성은 딱히 느껴지지 않지만, 미세한 표정과 손짓 발짓 등은 히틀러의 붕괴된 내면을 적실하게 표현한다. 다른 배우들도 그에 뒤지지 않는다.

파울 요제프 괴벨스(울리히 마테스)의 아내 마그다 괴벨스(코리나 하르포우흐)가 히틀러 자살 직후, 잠자리에 드는 여섯 명의 자녀에게 수면제와 청산가리를 먹이는 장면이 있다. 패망이 닥쳤으니 가족 모두 흉한 꼴 보지 말고 지옥에서 해후하자는 심사일 텐데, 개인적으로 이 영화에서 가장 끔찍하고 잔혹한 장면으로 꼽을 만하다. 분위기는 고요하고 차분하다. 마그다가 아이들에게 차례로 수면제를 먹이나, 잘 자라는 다정한 인사도 빼놓지 않는다. 아이들은 내막을 알 수 없다. 큰 아이 하나만 징조를 느끼고 약을 거부한다. 마그다는 그래도 침착하다. 아이를 달래 결국 약을 먹인다. 남편 괴벨스는 묵언 동의 상태. 그렇게 아이들은 고요하게 영면한다. 괴벨스 부부는 다음 날 바로 동반 자살한다.

마그다 괴벨스는 남편보다 더 극렬한 '히틀러 신도'라 알려져 있다. 재벌가 출신인데, 여성 편력이 심했던 괴벨스와의 결혼 내막을 들여다보면 여느 일반 사람들의 치정 관계와 다를 바 없는 간교하고 치사한 욕망의 파노라마가 펼쳐진다. 그랬던 그녀가 히틀러에게 빠져드는 과정을 보면 당시 독일 사람들의 심리적, 정치적, 경제적 상황과 일반 정서를 짚을 수 있다. 1차대전 패배 후 독일 정국은 혼란 그 자체였다. 각종 이념을 내세운 정당들이 난립하고 경제는 공황 상태였다. 히틀러는 그 혼란을 무기 삼아 도깨비처럼 나타난 메시아로 받아들여졌다.

그의 실체를 파악한 사람들조차 그의 등장을 묵인했다. 프랑스를 비롯, 주위 모든 국가가 그들의 적이고 타도 대상이었다. 그러면서 경제적 부와 학계의 명망을 두루 쟁취한 유대인이 독일 내부 공공의 적으로 낙인찍혔다. 히틀러도 괴벨스도 유대인에 대한 개인적 콤플렉스에 짓눌려 있던 인물이었다. 특정 개인이나 집단을 타깃 삼아 뭇 대중의 불만과 욕망을 집중시키면 심리적 화력이 증폭하면서 거대한 돌풍으로 변하기 십상이다. 이는 비단 나치 현상에만 그치지 않는다. 나치 이전, 나치 이후에도 그런 현상은 늘 예측 불가한 방향에서 선풍을 일으켜 원래 없던 적도 만들어낸다. 그러면서 '선'과 '정의'를 외친다. 그럴 때, 사실의 내막이나 사건의 본질, 인물의 정체 따위 핵심 사항이 아니게 된다. 잠재된 악의 광풍은 늘 '선각'과 '혁신'의 이름을 띠고 있다. 나치는 그것의 한 전형이자 커다란 메타포로 지금 어디서든 재발 가능한 인류의 불치병을 칭하는 것일지도 모른다.

'정의'를 외치려거든 '악의 씨'부터 가려내라!

러시아에 보관된 히틀러의 유골을 의학적으로 연구한 결과를 본 적 있다. 히틀러가 소위 '사이코패스'가 아니라는 결론이었다. 전형적인 사이코패스는 선천적 혹은 후천적으로 전두엽에 이상이 있다는 의학적 판단에 따른 것이다. '악마'라 불리는 자의 특유한 '악마성'을 의학적으로 증명했을 때 '근거 없음'이라는 결과가 나온 셈인데, 그로 인해 확인할 수 있는 건 악마는 늘 평범해 보인다는 사실이다. 어쩌면 악마라 불리는 그 스스로도 자신의 악마성을 인지하거나 인정할수 없다는 게 더 무시무시한 결과일 수도 있다. 〈다운폴〉을보면서 느낀 것도 그런 점이다. 마그다 괴벨스는 자식들에겐더없이 다정하고 온유한 어머니의 모습이다. 그런 그녀가 아이들을 제 손으로 죽인다. 그 기저엔 맹목과 맹신으로 침윤된 악마의 그림자가 깔려 있다. 마그다를 연기한 코리나 하르포우흐는 그 장면을 찍고 실신했다고 한다. 악마는 그렇게일상에 아무렇지 않게 지문을 찍어대고 있다. '정의'를 부르짖으려면 그것부터 제대로 가려내야 할 것 아닐 텐가.

오펜하이머
Oppenheimer

선을 위한 파괴는
존재하는가

크리스토퍼 놀란, 2023

핵폭탄은 인류 최고의 두뇌가 동원된 인류 최악의 발명품이라 할 수 있다. 발명된 지 80여 년이 지났건만 특정 국가들에게만 소유권이 인정된다는 점에서 모종의 국가적 거래에 의한 담합 요소이기도 하다. 1945년 히로시마와 나가사키에 원자폭탄이 투하된 이후 한 번도 실제로 쓰이지 않았지만, 그 존재 자체만으로 인류 전체에 강력한 위협으로 작용한다. 핵폭탄은 2차대전 이후부터 인류의 존망을 담보로 하는 거대한 상징이 되었다.

핵폭탄 제조 방식으로 만들어진 영화?

핵폭탄의 원리를 발견해낸 최초의 인물은 알베르트 아인슈타인이었다. 하지만 그는 핵폭탄 발명에 직접 참여하지 않았다. 그 무시무시한 위력이 인류를 존폐 위기에 빠뜨릴 수도 있다는 직관이 있었던 것이라 알려지는데, 차후 그는 그로 인한 죄책감에 빠져 미국의 프린스턴에서 고요한 말년을 보낸다. 하지만 뒤를 잇는 과학자들이 그 놀라운 발견의 다음 페이지를 그냥 백지로 내버려둘 리 없었다. 크리스토퍼 놀란 감독의 〈오펜하이머〉엔 그러한 사실의 명암을 은근슬쩍 흘리듯 암시하는 장면이 있다.

영화 초반 줄리어스 로버트 오펜하이머(킬리언 머피)는 해군 제독 출신의 원자력위원회 의장 루이스 스트로스(로버트 다우니 주니어)의 천거를 받아 미국의 핵폭탄 개발위원회인 '맨해튼 프로젝트'에 참여하게 된다. 그때 오펜하이머는 프린스턴에서 아인슈타인(톰 콘티)과 만나게 되는데, 영화 초반에 잠깐 나오는 이 장면이 영화가 말하고자 하는 바를 숨기고 있다는 건 마지막에서야 드러난다. 러닝타임 세 시간의 절반은 핵폭탄을 만드는 과정에 할애되고, 절반은 종전 후 매카시즘 선풍에 휘말려 소련의 첩자로 몰린 오펜하이머가 청문회에서 자신을 변호하는 장면으로 채워진다.

프린스턴의 거대한 정원에서 사업가 출신의 야심가 스트로스는 자신이 없는 사이 오펜하이머와 아인슈타인이 자신에 대한 험담을 나누었다고 여긴다. 오펜하이머에 대한 열등감의 소산(스트로스도 물리학 전공자였다)일 수도, 자신의 불안정한 정치적 입지에서 비롯된 망상일 수도 있다. 오펜하이머와 잠시 대화를 나누던 아인슈타인은 스트로스가 아는 체를 하자 무시하고 자리를 뜨는데, 이 사소해 보이는 장면이 영화의 전체 내용을 지배할 정도로 큰 파문을 일으키는 게 핵폭탄의 원리와도 비슷하다 할 수 있겠다.

"우리의 몸은 텅 빈 공간이고,
미세한 파동들로 얽혀 있죠."

크리스토퍼 놀란 특유의 시간 역전, 과거의 여러 시간대가 중첩되고 반복되면서 커다란 그림을 마주하게 되는 기법은 이 영화에서 정점을 찍은 것으로 보인다. 대학 시절의 오펜하이머와 핵폭탄 제작 시기, 초췌한 몰골로 청문회에 나온 오펜하이머의 모습이 수시로 교차하는데, 전개 속도가 숨돌릴 틈 없을 정도다. 그럼에도 산만하기는커녕 외려 더 명확한 초점이 잡히면서 몰입도가 가중된다. 프랙탈이나 양자역학 등 과학 용어를 들이댈 필요는 못 느끼지만, 각각의 영화적 원소와 입자들이 마구 충돌하면서 거대한 핵을 마주하게 되는 방식이 핵폭탄 제조 기술을 그대로 재현한 것 같다는 느낌은 분명하다.

영화가 다루는 주제와 형식이 절묘하게 들어맞는다는 건 주제와 형식에 대한 섬려한 통찰에 의해서나 가능한 일이다. 일부러 꿰어맞춘다고 주제가 형식 안에 녹아 그 자체의 물리적 작동을 자연스럽게 이뤄낼 수는 없다. 〈오펜하이머〉는 핵폭탄에 대한 실제적 이야기이자, 그것과 연관한 사람들의 다종다양한 욕망, 정치적 계산과 인간의 복합적 모순을 다루는 영화다. 핵폭탄은 인간에게 무시무시한 공포를 불러일으키는 존재다. 핵폭탄을 개발한 건 인간이지만, 결국 핵폭탄보다 더 위협적이고 난해한 공식은 인간들 속에 있다. 영화 초반부, 나중에 아내가 되는 키티 해리슨(에밀리 블런트)을 처음 만났을 때 오펜하이머는 이런 대화를 나눈다. 키티가 묻는다.

"양자역학에 대해 설명해주실래요? 굉장히 난해하던데."

"이 유리잔도, 이 술도, 우리의 몸도 전부 대부분 텅 빈 공간이고, 미세한 에너지의 파동들이 서로 얽혀 있죠."

"무엇에 의해서죠?"

"서로 끌어당기는 힘이 충분히 강해서 인간들로 하여금 물질이 단단하다고 확신하게 만드는 겁니다."

(오펜하이머가 대답하며 키티와 손을 맞댄다.)

"제 몸이 당신의 몸을 통과하지 못하고 멈추게 만들지요."

우주 발생의 원리, 지구를 위협하다

양자역학의 기본 원리에 대한 설명이라 할 수 있다. 한편으론 일종의 성애적 작업(?)이랄 수도 있는 이 대화가 영화를 다 보고 난 뒤, 뇌리에 되새겨진다. 양자역학은 '빛의 입자이자 파동'이라는 개념으로 자주 정리된다. 알쏭달쏭한 말이지만 당시로선 획기적인 발견이었다. '단단한 물질'이 사실은 '텅 빈 공간'이라는 것 또한 마찬가지다. 우주는 물질의 연쇄작용으로 발생해 물질이 사라지는 과정의 반복이다. 이때 '발생'과 '사라짐'은 직선적 귀결이 아니라 동시적이다. 나타남 자체가 곧 사라짐이고, 사라짐 자체가 하나의 거대한 폭발인 것이다. 핵폭탄은 그러한 우주 발생 원리를 응용해 물질의 밀도를 극대화한 결과물이다.

영화는 양자역학의 그러한 원리를 한 인간의 영고성쇠를 통해 반추한다. 오펜하이머는 물리학자일 뿐 아니라 예술애호가였다. 영국에서 유학할 무렵, 다양한 동서양 문학과 스트라빈스키, 피카소 등의 예술작품에 탐닉했다. 그만큼 광대한 상상력을 가진 인물이었으나 수학엔 약점을 보였다(이 역시 아인슈타인과 유사한 특징이다). 이 영화에 두 번 나오는, 오펜하이머를 얘기할 때 꼭 등장하는 시구가 있다.

"나는 이제 죽음이요, 세상의 파괴자가 되었다."

힌두교 3대 경전 중 하나인 《바가바드 기타》에 나오는, 파괴의 신 비슈누의 시구다. 선악 개념을 초월한, 우주의 핵심 원리를 짚은 내용인데, 창조와 파괴를 거듭할 수밖에 없는 인류의 운명을 암시한다고도 할 수 있다. 핵폭탄 개발의 중심 기지는 인디언 구역이던 로스앨러모스의 광활한 황야다. 맨해튼 프로젝트는 그곳에 식당과 학교와 연구원들의 가족이 거주할 수 있는 주택까지 건설되면서 본격화된다. 일종의 계획도시인 셈이다. 키티가 처음 그곳을 방문했을 때 툭 던지는 말이 인상적이다. "서부 시대로 돌아온 것 같군." 그 거대한 개척의 요충지에서 결국 핵폭탄의 시범 폭발이 성공한다. 화면을 가득 채우는 화염과 빛과 거대한 침묵의 웅성거림. 이 영화에서 가장 황홀한 장면이자 직면한 비극의 서문을 여는 프롤로그와도 같다.

폭탄은 선한 자와 악한 자를 구별하지 않는다

양자역학이 고대 불교의 교리와 맞닿아 있다는 건 오래된 논란거리다. 아직도 그러한 연구는 계속되고 있으나, 그 결과를 어떤 물리적 형태로 제시하는 건 불가능에 가깝다. 인간은 결국 현세의 질서와 규율, 그리고 거기 기반한 욕망과

폭탄은 선한 자와 악한 자를 구별하지 않는다.

정염에 휘둘리다가 한 생을 마감하기 마련이다. 삶과 죽음이 우주의 기본 원리를 그대로 체현한다는 것은 추상적으론 납득 가능하나, 그걸 실제로 체험하는 건 어떤 거대한 파괴에 직면했을 때밖에 없다. 그런 점에서 핵폭탄은 가장 무시무시한 우주적 진리를 물질화한, 인간의 위대한 각성과 무모한 욕망의 양면이다.

영화 초반에 오펜하이머와 한 동료가 논쟁을 벌이다가 이런 말이 나온다. "폭탄은 선한 자와 악한 자를 구별하지 않는다." 우주 또한 그러하다. 다만 인간이 인간됨을 사수하고 무고한 이에 대한 폭력을 통제하려고 노력하는 것만이 가능할 뿐인데, 그 역시 때론 선악 구분을 스스로 뭉개기도 한다. 영화는 오펜하이머가 자신을 둘러싼 인물들에 의해 몰락하는 과정을 다룬다. 핵폭탄을 만든 자가 인간이라는 개별적 핵에 의해 고립되고 발가벗겨지는 당착과 모순의 연쇄. 핵폭탄을 담보로 유지되는 현재의 계산된 평화가 개별 인간들의 삶에도 언제나 작용한다. 세계에서 가장 커다란 핵이 한 개인의 가장 작은 핵심으로 쪼그라들었다가 다시 팽창하는 이야기. 우리는 모두 죽음이자 죽임이고, 스스로 인간의 파괴자다. 선악은 핵 구름처럼 거대하나, 뿌옇기만 하다.

버디
Birdy

반전되는 꿈,
다시 반전되는 삶

헬렌 과커, 1984

사람은 하늘을 날 수 없다. 지렁이가 일어서서 걸어 다닐 수 없고, 코끼리가 앞발로 먹이를 집어 먹을 수 없는 것만큼 당연한 얘기다. 모든 생물의 활동 방식과 습성의 당연함은 자연의 명령일지도 모른다. 그럼에도 사람은 하늘을 날 수 있는 방법을 발명했다. 비행기가 그렇게 탄생했다. 이는 자연의 명령을 거스르는 일인가.

새가 되려 한 젊은이의 이야기

지금 세상에서 비행기 없는 일상은 상상할 수 없다. 사람이 하늘을 나는 걸 망상이라 치부했던 불과 150년 전과는 상반되는 사실이다. 그것을 인류는 진보 혹은 발전이라 칭한다. 비행기뿐만이 아니다. 기술문명의 발달은 인류의 삶에 엄청난 변혁을 불러일으켰다. 그럼에도 사람의 몸엔 별다른 진화도, 혁신적인 발달도 진행되지 않았다. 사람은 그 스스로의 몸으로 여전히 하늘을 날 수 없다. 그것은 여전히 인간의 한계다.

앨런 파커 감독의 〈버디〉는 새가 되려 한 한 젊은이(매튜 모딘)에 대한 영화다. 그리고 그로 인한 좌절과 고통에 대한 영화다. 우스꽝스럽기도 발랄하기도, 슬프기도 아프기도 하다. 그 모든 감정은 애초에 불가능한 꿈을 꾸게 된 주인공의 유별난 욕망에서 발원하지만, 한 개인의 허무맹랑한 망상이라 매도하기엔 그 간절함이 사뭇 애틋하고 절박하다. 어릴 적부터 새에 미쳐 '버디birdy'라 불리는 그는 결국 실패한다. 아니, 이룰 수 없는 꿈이라는 걸 깨닫고는 베트남전에 참전했다가 정신을 놓아버린다.

실어증과 거식증이 동반된 기억상실을 겪으며 병동에 갇힌 버디에게 어릴 적 동네 친구였던 알폰소(니컬러스 케이지)가 찾아온다. 알폰소 역시 참전했다가 부상을 당해 얼굴에 붕대를 친친 감은 상태다. 버디는 알폰소를 기억하지 못한다. 아무 말 없이 간호사가 떠 먹여주는 음식 앞에서 고개를 가로저을 뿐이다. 둥지 안의 새처럼 잔뜩 몸을 웅크린 버디의 동공이 몽롱하다. 그러면서 알폰소의 회상이 교차되며 이야기가 전개된다.

버디의 집엔 비둘기들이 가득하다. 버디는 필라델피아 이곳저곳을 날아다니는 비둘기들의 서식처를 모조리 꿰고 있다. 깃털을 잔뜩 모아 꿰맨 옷까지 만들어 입고 둘은 비둘기들을 찾아 나선다. 그러다가 한번은 높은 탑 꼭대기에 둥지를 튼 비둘기를 잡으려다 버디가 추락한다. 알폰소는 기겁하지만 허공에서 떨어지는 버디의 표정은 황홀하기 그지없다. 버디는 모래를 가득 쌓아둔 곳에 떨어진다. 새가 되려는 버디에게 그것은 위험천만한 사고라기보다 꿈의 목전까지 도달했다는 기쁨의 징조일 따름이다.

좌초된 꿈과 희망, 그리고 상처

다행히 큰 부상은 아니다. 버디의 부상이 회복되자 둘은 폐차장에서 일을 하며 푼돈을 번다. 고철 덩어리가 된 포드 승용차 한 대를 안간힘 써서 수리해서는 바닷가에 놀러 간다. 알폰소는 여자 꼬시기에 정신이 팔려 있고, 버디는 처음 본 바다 속에서 숨을 참는 법을 익히며 여전히 새가 되는 방법에 골몰한다. 롤러코스터를 타다가는 두 팔을 높이 치켜든 채 벌떡 일어설 기세다. 자신은 안중에도 없는 버디더러 한 여자가 "사이코!"라며 학을 뗀다. 알폰소의 작전 실패.

버디는 새밖에 모르는 젊은이다. 이유는 알 수 없다. 레슬링 선수였던 알폰소가 베트남전에 참전한 후, 분신처럼 아끼던 노란 새가 죽자 버디 또한 상심한 상태로 전쟁에 참전한다. 어느 기발하고 엉뚱한 소년들의 모험담처럼 여겨지던 이야기가 불현듯 심각해진다. 개인의 희망과 꿈이 산산조각 나고 거대한 체제와 권력의 탐욕이 불러일으킨 전쟁의 화마가 젊은 그들에게 육체적 정신적으로 씻기지 않는 상처를 남긴다. 더 이상 희망은 없다. 전쟁터에서 살아 돌아왔지만, 버디는 여전히 새가 되지 못한 채, 인간의 기본 조건마저 상실해 버린 상태다. 알폰소 역시 이전과는 전혀 다른 삶을 살게 될 상황. 영화가 직시하고자 하는 건 바로 그 좌초된 희망과 꿈이다.

버디와 알폰소의 놀이, 또는 그들이 실현하고자 하는 궁극적 삶은 늘 그들을 지배하고 있는 세계의 규율과 법규에 가로막힌다. 삶을 즐기고자, 꿈을 구현코자 하는 둘의 행동을 규제하고 억압하는 건 항상 부모와 경찰(공권력)이다. 제도와 규칙은 그들에게 어디서 어떻게 폭발할지 모르는 부비트랩과도 같다. 구닥다리 포드 승용차를 빼앗아가는 건 알폰소의 아버지이고, 비둘기로 가득한 버디의 공간을 때려 부수는 건 버디의 어머니이다. 모두 젊은이의 삶을 하나의 통제권역 안에 가둬두려 하는 권력 체계를 의미한다. 나아가 전쟁터에 젊은이를 동원하는 국가권력이 개입한다. 전쟁터에서 쓸모 없어진 버디와 알폰소는 모종의 실험 대상으로 전락한다. 버디는 그렇게 희생되어 말도, 의지도 상실한 채 새가 되겠다는 몽상에 완전히 함몰된다.

그들에게 삶은 늘 전쟁터였다

그런데, 버디를 찾아온 알폰소가 문득 중얼댄다. "넌 정말 새가 되었구나." 굉장히 자조적인 어투다. 버디는 허구한 날 새처럼 몸을 웅크린 채 병동 한쪽 창밖만 응시한다. 언제든 날아갈 수 있을 거라는 듯 그때나마 잠시 눈빛이 영롱해진다. 그 순간, 정말 버디는 새를 닮았다. 마음껏 날아다녀서가 아니라, 새장에 갇힌 채 옴짝달싹할 수 없이 먼 하늘을 그리워하는 새. 좌절된 꿈이 엉망투성이가 된 삶 속에서 더욱 빛나는 듯한 역설이 꽤 아련하고 묘하다.

이 영화는 1985년 칸영화제에서 심사위원 대상을 수상했다. 니컬러스 케이지와 매튜 모딘은 이 영화로 자신들의 존재를 알렸다. 이후의 필모그래피는 둘이 많이 엇갈리지만, 젊은 시절 매튜 모딘의 연기는 가히 절륜하다 할 만하다. 잽

싸고 날렵한 몸놀림에 선하고도 몽롱한 눈빛은 그 자체로 신비한 새를 보는 듯하다. 천연덕스러운 익살과 능청으로 일관하는 니컬러스 케이지의 연기도 풋풋하다. 제목의 원뜻과는 달리, 일종의 버디buddy 무비라 할 만하다. 회상 장면에서의 순수한 젊음과 병동에서의 암울하고 절망적인 분위기의 교차가 밀도를 증폭시킨다. 마음껏 하늘을 날 수 있으리라는 희망과, 몸도 영혼도 일그러진 채 세상 한 귀퉁이에 처박히게 될 운명이 칼로 자른 듯 극명하게 나뉜다.

베트남전이 아니더라도 성인이 된 그들에게 세상은 언제나 전쟁터다. 그들은 꿈을 이루기 위해 싸우고, 꿈이 좌절되었기에 싸우며, 강제로 차압당한 꿈을 되찾으려 끝끝내 싸울 수밖에 없다. 둘은 같이 병동을 탈출한다. 새장을 부수고 날아오르려 한다. 이 세상의 모든 통제와 규율로부터 스스로를 지키고 되찾고자 경계 지어진 금지선을 넘으려 하는 것이다. 결국 버디는 옥상에서 뛰어내린다. 이 영화에서 가장 유명한 장면 중 하나다. 사람이 뛰어내리면 죽을 수밖에 없는 높디높은 허공. 버디는 정말 뛰어내린다. 알폰소가 경악하고, 관객들도 헉 숨이 멎는다. 그런데 묘하다. 어처구니없기도, 다행스럽기도, 왠지 속았다 싶기도 한 반전이 일어난다. 동시

버디를 찾아온 알폰소가 문득 중얼댄다.

"넌 정말 새가 되었구나."

에, 당연히 저럴 수밖에 없겠지 싶은 안도감과 함께 꿈과 좌절도 밍밍해진 채 엔딩된다. 아니, 밍밍한가 싶다가도 뭔가 더 큰 희망이 그들에게 싹 틔워날 수도 있겠다는 암시가 느껴진다. 허망한 듯 쉬이 보기 힘든 걸출한 반전이다. 너무 절묘해서 달콤한 배신감(?)마저 느껴질 정도. 결국 버디는 날아오른 것인가.

꿈을 꿈으로만 남겨두라 말하지 마

내용상으론 반전反戰 영화로 알려졌지만, 이 작품에서 더 인상에 남는 건 앞서 말한 반전反轉이다. 스토리의 반전이기도 하고, 주인공들 삶의 반전이 펼쳐질 여지도 마련된다는 점에서 그러하다. 사람이 맨몸으로 하늘을 나는 건 예나 지금이나 물리학적으로 불가능하다. 그러나 버디는 어릴 적부터 항상 그것을 꿈꿔왔다. 그래서 미쳤고, 그래서 상처받았고, 그래서 세계의 불순물 취급당하며 싸늘한 병동에 갇혔다. 갇힌 상태에서도 버디는 계속 꿈꾸고 또 꿈꾼다.

벌거벗은 채 새처럼 웅크린 그의 모습을 보는 건 희한하게 명상적이다. 아울러 강렬한 도전 의식이 느껴진다. 아무도 할 수 없다고 말하는 걸 반드시 하겠다는 사람이 늘 그러하다. 비웃음도 조롱도 그들에겐 꿈을 더 키워나가게 하는 양식이 된다. 정말 내가 하늘을 날지 못할 거라고 생각해? 난 이미 하늘을 내 안에 품고 있는걸? 잘 봐, 내가 지금 이렇게 날고 있는데, 이걸 실패라고 말하는 당신들이 더 큰 실패자인 줄 모르는 거야? 아마 버디는 이렇게 말하고 싶었던 건지도 모른다. 나는 그게 설령 사실과 어긋날지라도, 분명한 진심이라 아직도, 분명하게 여기고 있다.

검을 쓸 수 없는
사무라이는
무얼 먹고 사는가

고바야시 마사키, 1962

일본 전국시대의 사무라이는 '시侍', 즉 '모시는 자'를 뜻한다. 주군이 없으면 사무라이는 호구지책이 사라진다. 도요토미 히데요시가 임진왜란을 일으키고 난 다음 사망하자 도쿠가와 이에야스가 패권을 잡는다. 그렇게 시작된 게 에도시대다. 에도는 현재 도쿄다. 도쿠가와 이에야스는 모든 다이묘, 즉 지방을 다스리는 영주들 간의 전쟁을 멈추게 한다. 수백년 동안 전쟁으로 지탱해오던 일본 열도가 '강요된 태평성대'를 맞는다. 주군을 모시며 전투를 치르던 사무라이들은 할 일이 없어진다. 하급 관리 노릇을 하면서 우산이나 새장 등을 만드는 부업으로 생계를 잇는다. 몰락한 다이묘들의 무사는 이도 저도 아닌 낭인이 되어 떠돌거나 날품팔이에 나선다.

'할복'이라는 연극

하지만 무사 출신은 막노동 인력시장에서도 안 받아준다. 전쟁이 없어도 검은 버릴 수 없다. 무사의 존재 증명이기도 하거니와, 명예와 자존의 도구이기 때문이다. 실제로 에도시대엔 검이 공무원 증명서 같은 것이었다. 그러다가 주군을 잃은 사무라이들 사이에 '연극할복'이라는 게 유행한다. 권세를 누리는 명문가 마당을 빌려 무사답게 할복하겠다고 요청

하면 다른 영주에게 소개시켜 관직을 주거나 돈 몇 푼 쥐여
주곤 돌려보내는 것이다. 소위 '무사의 명예'라는 것, 수백 년
을 지탱해온 모종의 권위와 신념이 돈 몇 푼 혹은 매관매직
으로 '썩은 가치와 위신'만 남게 된다. 1962년에 제작된 고바
야시 마사키 감독의 〈할복〉은 당시의 에피소드를 바탕으로
만들어졌다. 몰락한 가문의 무사 집안이 가난에 허덕이다
'연극할복'의 제스처를 취할 수밖에 없게 되면서 겪는 비극을
다뤘다.

히로시마 후쿠시마 가家의 전직 가신이었던 늙은 사무라이
츠구모 한시로(나카다이 타츠야)는 정신과 내공은 여전히 투철
하되 할 수 있는 게 아무것도 없다. 무사로선 살아 있어도 살
아 있는 게 아니다. 몰락한 가문의 무사는 아무리 검술이 뛰
어나도 기본 생존조차 힘들다. 반면에, 도쿠가와 이에야스
아래 자리를 펴 출세한 가문은 '무사'라는 정통성을 권력 삼
아 자신들만의 아성을 구축해간다. 사무라이의 명예와 격식
에 사로잡혀 자기보존에만 급급하며 위선을 자처하기도 한
다. 자신들에게 도전하거나 명예를 더럽히면 '감히 우리 가
문을!!' 하는 식이다. 에도의 소토 사쿠라다 마치 이위 가家도
그중 한 다이묘 가문이다.

1630년 5월 13일 오후, 때 이른 더위가 몰아친 이위 가의 공관에 추레한 차림의 츠구모가 나타난다. 공관 안뜰을 빌려 명예롭게 할복하겠으니 허락해달라는 것이다. 이위 가 간부들이 고민에 빠진다. 이전에도 그런 경우가 많았던 거다. 최근에도 한 젊은 무사가 나타났다가 연극할복임을 들키곤 쫓겨난 경우가 있었다(젊은 무사와 한시로의 관계가 이 줄거리의 핵심임이 나중에 드러난다). 이위 가의 무사들은 츠구모의 진의를 살피면서 사정을 듣기로 한다. 얼핏 지루한 신세 한탄 조가 이어지는데 어딘가 심상치 않다. 자못 지루하게 이야기가 전개되는가 싶더니 후반부에 모든 사연의 내막이 풀리며 갑자기 장렬해진다.

비참과 장렬, 슬픔과 분노의 다중주

당시 무사들의 생활 실태에선 할 일을 잃은 무사들의 비참함이 드러나고, 최후의 격투 장면에선 밀도 높은 비장미와 거룩함마저 작렬한다. 노쇠한 무사 한 명이 잘나가는 한 가문 전체와 맞서 싸우는 모습은 고통받는 메시아 같기도, 새끼 잃은 짐승의 절규 같기도 한데, 흑백임에도, 그리고 요즘처럼 피범벅 영상이 아님에도 화면에 핏물이 뚝뚝 맺힐 정도다.

죽었기에 살아남는 사람도 있고,
살았으나 죽음과 다를 바 없는 존재도 있다.

구로사와 아키라 감독의 〈7인의 사무라이〉와 더불어 서양 영화계에 사무라이 열풍을 일으킨 작품이지만, 단순 무협 영화도, 두루뭉술하게 전통을 팔려 드는 시대극도 아니다. 비록 4세기 전의 이야기이지만, 모든 좋은 작품이 그렇듯 바로 오늘날 누군가는 겪고 있는 얘기일 수도 있다. 비루함과 비겁, 장렬한 각오와 목숨 건 사투는 결국 삶의 양면이자 핵심이다.

그 어떤 권위나 명예도 모종의 비루와 능욕을 감수하거나 거치지 않고선 기반이 허약할 수 있다. 모든 독재자와 권력자들의 이면에는 한심하고 유치한 몰락과 나락의 과정이 있었다. 더러웠기에 더 강력해지고, 허술했기에 더 잔혹해지는 것이다. 그리고 그를 따르는 자들. 그들은 장차 꽃이 되거나 시체가 된다. 살아남더라도 꽃으로 피거나 최강자가 되는 건 소수다. 거기서 소외된 자들은 다시 모종의 바닥에서 분루를 삼켜야만 한다. 그 모든 걸 좌지우지하는 건 신념도 실력도 진실도 진심도 아니다. 그렇다면 부와 명예와 권위는 어디에서 오는가. 더 강력해진 자들의 더 더러운 행각과 더 교묘하고 잔혹하게 설정된 시스템에 의해서라고나 일단 말하겠다.

오늘도 누구는 오늘만을 위해 죽는다

사무라이 문화는 일본 특유의 독특한 미학을 품고 있다. 주군을 위해 목숨을 바치고 검을 자신의 목숨으로 여기는 정신은 짐짓 유치하기도 어처구니없게 여겨지기도 하지만, 이웃 나라의 고유한 문화를 폄훼할 생각은 없다. 오히려 거기서 발아한 일본 특유의 미학과 생명관에 대해선 탐구해볼 여지가 여전히 많다고 여긴다. 무언가를 위해서 목숨을 바치는 것. 주군이든, 자신만의 예술이든, 사랑하는 사람이든 삶과 죽음마저 초월하는 가치를 스스로 지켜내는 일은 존경받아 마땅하다. 삶의 가치는 천차만별이다. 죽음을 통과하지 않고서는 얻을 수 없는 가치. 그것은 결국 삶의 가장 낮은 지점과 가장 높은 지점을 하나의 궤로 꿰뚫어내는 일이다.

진창과 죽은 생물들의 잔해 사이에서의 허덕임이 끝끝내 봄날 한철의 꽃으로 개화하는 일. 그러나 꽃은 잠깐만 아름답다. 차후엔 먼지와 쓰레기와 깡마르고 강퍅해진 줄기의 스산한 연명뿐이다. 결국 한 해 지나 또 피어날 꽃이지만, 그것은 과연 올해 피었다 진 그것과 같은 꽃일까. 인간의 찬란과 몰락과 허세와 본질을 거기 대입해보는 일은 지난하기도 유

구하기도 부질없기도 하다. 사람은 결국 죽는다. 꽃보다 오
래 사나 꽃처럼 다시 피는 주기를 일정하게 지니지 못한다.
그러면서 모두 오늘을 살려고 허덕이거나 오늘의 기쁨에 찬
탄하거나 오늘의 허망함에서 벗어나려 내일을 기대한다. 혹
은 피었다 진 한 시절을 그리며 오늘을 뭉개고 내일을 지우
려 들기도 한다. 그래, 그렇게 스스로 목숨을 끊는 자들도 오
늘 허다할 것이다. 그들은 과연 무얼 잃었고 무얼 찾으려 하
다가 좌절한 걸까.

사무라이의 할복은 그릇되어 보이나 어쩔 수 없는 그들의
전통이다. 검으로 일어선 자는 결국 검으로 망할 수밖에 없
다. 츠구모는 검으로 한 시절을 구가했으나 결국 검으로 스
스로를 처벌하려 한다. 그 처벌은 자기 자신에 대한 것이기
도, 자신을 능욕하고 내팽개친 세상 전부에 대한 것이기도
하다. 누구에게나 애틋할 수밖에 없는 가족에의 사랑과 애착
이 동기가 되지만, 결국 츠구모가 지키려 했던 건 무사로서
의 자신의 명예다. 그리고 그것과 상충되는 가짜 명예와 싸
우게 된다. 그렇다고 호의호식하는 이위 가의 무사들이 '절
대악'만은 아니다. 그들은 그들이 처한 상황에서 모종의 운
으로 위세를 가지게 된 자들이다. 츠구모와 출발점은 대동소

이하다. 무사의 시대를 살았고 무사로서 살아왔으며 무사의 신념을 지키려 또 다른 무사를 내치려 할 뿐이다. 괴이한 악순환이다. 그 고리를 꿰어내는 것 역시 '무사도'라는 동일하나 파편적으로 쪼개진 가치다. 모두 정의를 주장하나 그 어느 쪽도 정의롭지 않은 작금의 정치판이나 세태와 과연 뭐가 다를까.

승자도 패자도 없고, 삶도 죽음도 허망하다

결국 누구는 장렬하게 스스로 할복하고 또 누구는 거대한 손상을 입은 채 또 다른 시대를 살게 된다. 승자도 패자도 없다. 죽었기에 살아남는 사람도 있고, 살았으나 죽음과 다를 바 없는 존재도 있다. 앞서 메시아 같기도, 새끼 잃은 짐승의 절규 같기도 하다고 했거니와 영예와 슬픔이 이토록 한 몸이다. 츠구모는 살기 위해 죽고, 이위 가는 명예로운 죽음을 그르쳤기에 거대한 멍에를 둘러쓰게 된다. 이 기괴한 역설이 사뭇 처연해 이 영화가 제법 아프다. 흐드러진 벚꽃들이 마냥 아름답지만은 않아서, 아니 너무 아름답고 현란해 짐짓 죽으러 가는 누군가를 위한 허망한 아치처럼 여겨지기에.

딱 50년 후 미이케 다케시 감독이 야쿠쇼 코지를 주연으로 리메이크하기도 했는데, 디테일이 조금 다르고 원작보다 진액(?)이 모자란다는 느낌은 그저 사족 삼는 사견이다. 그 역시 볼 만한 영화는 맞다.

자칼의 날
The Day Of The Jackal

암살자는
아직 죽지 않았다

프레드릭 포사이스, 1973

1962년 프랑스의 샤를 드골 대통령은 에비앙 협정을 통해 알제리의 독립을 승인했다. 8년간의 식민주의 전쟁이 그렇게 막을 내린다. 평화 협정 이후 군부의 일부 세력은 드골의 결정에 극렬히 반대한다. 드골은 2차 세계대전 당시의 공헌으로 군부에 의해 추대된 대통령이었다. 그래서 결성된 것이 OAS(Organisation de l'armée secrète)라는 군사 단체다. 극우파로 조직된 OAS는 드골 암살을 결행한다. 1973년 프레드 진네만이 감독한 〈자칼의 날〉은 바로 그 사건을 토대로 만들어진 논픽션 영화다.

금발의 미지의 남자를 추적하라

기자 출신 소설가 프레데릭 포사이드가 1971년 발표한 유명한 동명 원작소설을 각색한 작품이다. 작가의 출세작이었다. 그 작품과 관련해서 여러 일화가 있는데, 한국에서도 흥미로운 해프닝(?)이 있었다. 1975년 광복절 축하 행사에서 재일교포 문세광이 박정희 암살을 시도했다가 실패하곤 육영수 여사만 사망했다. 당시 수사 과정에서 문세광의 소지품 중 이 소설이 있었다. 담당 검사였던 김기춘이 그 소설을 빌미 삼아 자백을 끌어냈다는 풍문이 있다. 하지만 고문에 의

한 자백이었다는 게 중론이다.

여섯 차례의 암살 시도에도 불구하고 드골은 코끝 하나 다치지 않는다. 암살 가담자는 총살당하고 궁지에 몰린 OAS는 외국인 전문 킬러를 고용하기로 한다. 접선 장소는 로마의 한 호텔. 수소문 끝에 영국 출신(으로 보이는) 금발의 잘생긴 남자(에드워드 폭스)를 호텔로 부른다. 스스로를 '자칼'이라 부르는 그는 총액 50만 달러를 제안하고 절반 금액을 착수금으로 요구한다. OAS는 동의한다.

자칼은 곧바로 작업에 착수한다. 위조 여권을 만들어 제네바와 로마, 런던 등지를 오가며 신출귀몰한다. 무기 암거래상을 만나 직접 설계한 총을 생산해달라고 주문하기도 한다. 이 모든 과정에서 그가 보여주는 모습은 용의주도하기 이를 데 없다. 반면, 암살 사건과 관련한 정보를 입수한 프랑스 내무부는 촉각을 곤두세운다. 암살 위협에도 불구하고 드골은 예정된 대규모 행사를 취소할 용의가 없다. 프랑스 내무부는 유능한 노장 형사 클로드 르벨(미카엘 롱스달)에게 전권을 일임한다. 이후, 군더더기 없고 말끔한 추적극이 드라이하게 전개된다.

저 남자, 어째 데이비드 보위를 닮은 것 같군

자칼은 변신의 귀재다. 결코 감정을 드러내지 않고, 일 처리에 있어선 냉혹할 정도로 정확하다. 이 영화 이후 각종 영화에 등장하는 살인청부업자의 전형을 창조했다는 평을 들을 정도로 당시로선 기상천외한 캐릭터였다. 언뜻 데이비드 보위를 연상케 하는 외모인데, '변신의 귀재'이자 타고난 완력과 출중한 사격 실력 등 다재다능한 면이 그런 연상을 더 부추긴다. 워낙 세계적으로 유명해진 원작이라 영화 기획 당시 스파이물에 일가견 있는 로저 무어나 로버트 쇼 등이 자칼 역으로 물망에 올랐었다. 하지만 프레드 진네만은 대중에게 익숙하지 않은 인물이 자칼 역에 적합하다 여겨 에드워드 폭스를 캐스팅했다. 지금 봐도 탁월한 선택이라 여겨진다. 자칼은 끝까지 누구인지 알 수 없는 인물이다.

결론부터 말하자면, 무엇이든 가능할 것 같은 자칼이지만, 암살은 실패한다. 드골은 1970년에 사망했다. 역사적 사실을 바탕으로 꾸며낸 논픽션이니 만큼 드골이 자칼에 의해 암살당하지 않을 거라는 결과는 진즉에 암시되어 있는 셈이다. 그럼에도 영화는 지루하지도, 뻔한 복선에 의해 이야기를 쥐어짜지도 않는다. 자칼의 행동 하나하나가 수수께끼처럼 이어질 뿐, 어떤 상황을 설명하거나 단서를 제공하는 영화적 플롯 등도 제한적으로 활용된다. 그러면 플롯이 엉성해질 수도 있는데, 그래서 외려 원작소설의 치밀한 디테일을 역설적으로 잘 살려냈다고 할 수 있다. 자칼의 행동처럼 연출도 군더더기가 없다. 그렇기에 전체적으로 정밀감이 두드러진다.

사건은 막았지만, 용의자는 누구인지 알 수 없다

일부러 긴장을 자아내려는 의도가 느껴지지 않기에 장면 장면이 다 의미심장하고 밀도 있는 영화다. 엘리제궁이나 개선문 장면 등에선 당시 프랑스 내에서 드골의 위상이 느껴지는 웅대한 연출도 볼만하다. 1960년대를 배경으로 1970년대에 제작된 영화지만, 파리 중심가의 모습이 21세기가 20년이 훌쩍 지난 지금과 별반 달라 보이지 않는다. 5년 정도만 해외를 돌다가 돌아오면 눈이 휘둥그레질 정도로 변화하는 서울의 모습과 비교해보는 것도 나름 별미다.

자칼은 암살에 실패하지만, 경찰 입장에서 영화를 돌이켜 보게 된다. 르벨 총경은 자칼이 영국인이라는 단서를 입수하고 영국 수사국에도 도움을 청한다. 찰스 캘스롭Charles Calthrop이라는 30대 남성이 유력 용의자가 된다. 영국 수사팀이 캘스롭의 집을 찾아갔을 때 그는 마침 여행 중이었다. 정황상 더 유력해진다. 자칼Jackal이라는 이름에서 단서를 찾은 건데, 자칼의 프랑스어 표기가 'Chacal'이다. 일종의 철자놀이를 통해 르벨 총경도, 영국 수사팀도 캘스롭이 자칼이라고 확신하게 된다. 하지만, 캘스롭은 자칼이 아니다. 영화에선 그 사실이 애매하게 흐려지지만, 원작에선 분명하게 얘기된다.

그럴 경우, 경찰은 과연 자칼을 특정하고 사건을 종결한 게 아닌 게 된다. 암살은 막았지만 자칼은 여전히 미궁 속 인물이다. 분명히 죽었지만, 어쩐지 여전히 살아 있을 것 같다는 느낌마저 들 정도다. 사건의 해결 및 용의자를 정확히 식별해 체포하는 게 경찰의 기본 임무다. 사건은 막았지만 범인은 여전히 정체가 불분명한 상황. 그렇다면 자칼이 현장범이란 단서는 미미하기 그지없다. 이 작품의 묘미, 자칼이라는 인물의 매력이 바로 거기에 있다.

수박은 붉다, 아니 푸르다

자칼은 수차례 변장을 일삼는다. 임무를 부여받곤 처음엔 공동묘지에 들러 두 살 때 죽은 사람의 출생 일자를 도용해 평범한 영국인 행세를 한다. 그러곤 공항에서 한 덴마크 교사의 여권을 훔쳐 정체를 바꾼다. 검색과 포위망을 뚫고 파리에 잠입해선 터키탕에서 만난 게이의 집에 숨어든다. 결행 당일엔 10만 명의 군경이 동원된 삼엄한 경계망 속을 한쪽 다리를 잃은 늙은 상이군인 행세를 하며 무사통과한다. 르벨 총경은 예민하게 냄새를 맡지만, 늘 한 박자 늦는다. 미리 제작한 조립식 총(목발로 쓰이기도 한다)으로 어느 건물 꼭대기에서 자칼이 드골의 머리를 겨냥한다. 그때, 자칼은 결정적인 실수를 한다. 방아쇠를 당기는 순간, 드골이 마중 나온 하객과 비쥬를 하기 위해 고개를 숙인다. 소음기를 통과한 탄환이 땅바닥에 튕긴다. 동시에 르벨 총경과 소총을 든 경찰이 들이닥친다. 자칼은 그렇게 사라지면서 화면이 전환된다. 왠지 원래 존재하지 않던 사람이 허공에 붕 떠 순식간에 지워지는 느낌이다.

자칼이 무기 밀매상에게 주문한 총을 들고 스위스의 어느

바라보는 자의 시선은 보여지는 대상에겐
늘 일종의 총구와도 같다.

숲에서 사격 연습을 하는 장면이 있다. 그전 장면에서 자칼은 시장에 들러 사람 머리통만 한 수박 한 통을 산다. 숲에 도착한 자칼이 수박에 흰 물감으로 눈 코 입 형태를 그린다. 100여 미터 정도 사거리를 둔 채 수박을 나무에 매단다. 총을 나무에 밧줄로 묶어 거치하곤 총의 영점을 잡는다. 이마를 겨냥해 첫 발. 왼쪽 뺨 부위에 맞는다. 자칼은 드라이버로 조준경을 조절한다. 두 발째는 이마를 살짝 비껴 맞는다. 다시 조준경 조정. 세 발째 수박이 박살 난다. 자칼이 르벨 총경의 총에 맞아 허공에 뜨는 순간, 불현듯 이 장면이 오버랩된다. 왜일까.

자칼은 아직 죽지 않았는지도 몰라

수박은 자칼이 가상으로 설정한 사격 연습 도구다. 음식이지만, 먹기 위한 게 아니다. 겉은 파란색이되 속은 빨갛다. 자칼이 수박을 명중시킬 때, 수박은 빨간 즙을 흩날리며 박살난다. 사격은 명중이지만, 죽은 사람은 없다. 자칼은 언제나 혼자다. 그러면서 여러 모습으로 변신한다. 죽어서도 누구인지 알 수 없는 인물이다. 원작도, 영화도 역사적 사실에 기반한 가상의 인물을 가공했다. 허구란 실제로는 알 수 없는 어떤 인물이 그 자신이 아닌 걸 연기함으로써 완성되는 시스템이다. 허구에서 죽은 그는 실제로 죽은 게 아니나, 실제로 죽게 되는 순간, 또 다른 허구가 작동하게 되는 게 어떤 이들에겐 운명이기도 하다. 착각임을 알면서도 허구 속 '그'를 실제로 존재하는 또 다른 '그'라 여기게 되는 것. 이런 생각을 하게 되자 문득 자칼이 아직 살아 있는 것 같다. 영화 속 인물이 아니라, 지금 누군가의 곁에, 혹은 누구도 아닌 나 자신의 곁에. 바라보는 자의 시선은 보여지는 대상에겐 늘 일종의 총구와도 같다. 영화는 바로 그런 착종을 먹고사는 암살자에 다름 아니다.

누구인지 모를 자칼은 여전히 살아 있고, 수박 철은 일단 지나갔다.

엑스 마키나
Ex Machina

AI와
사랑할 수 있을까

알렉스 갈런드, 2014

2016년 3월 구글 딥마인드에서 개발한 알파고가 이세돌 9단과의 대국에서 승리한 이후, 인공지능Artificial Intelligence은 전 세계적인 화두가 되었다. 처음엔 의혹도 많았다. 바둑이 가진 기본 경우의 수뿐 아니라 대국 중에 발생할 수 있는 여러 돌발 요소, 가령 심리적 혼란이나 감정적 동요 등마저 AI가 계측하고 대응할 수 있는가 하는 의문들이었다. 결과는 인간의 예상 밖이었다. 이세돌 9단도 당황했고, AI의 발전이 인류에 어떤 영향을 끼칠까에 대한 온갖 분석과 예측들이 새삼 들끓었다.

로봇과 섹스하는 걸 상상했니?

알렉스 갈런드 감독의 〈엑스 마키나〉는 한국에서 바로 그전 해인 2015년 개봉한 영화다. AI 로봇과 인간이 섹스를 한다는 뉘앙스로 홍보됐는데, 실상 핵심은 그렇지 않다(무시 못할 부수 요소이긴 하다). SF 영화치고는 지나치게 고요하고 나지막해서 졸음이 쏟아질 수도 있는 영화다. 노르웨이의 대자연 속에 비밀리에 건설된 네이선(오스카 아이작)의 거처 안팎을 배경으로 느릿느릿 전개되면서 슬금슬금 관객을 약 올리듯 하는데, 마치 다른 세상처럼 풍요롭고 청쾌한 자연 풍경과 건조하고 차갑게, 그러나 세련되고 우아하게 설비된 연구소 내부가 자주 교차한다.

약 올리듯 한다는 건 일차적으론 화면에 담긴 풍경과 네이선의 은밀한 생활 모습 때문이지만, 케일럽(도널 글리슨)에게 '튜링 테스트'를 시도하는 장면 장면들이 관객마저 테스트하는 느낌 탓이 더 크다. 물론, 보는 이에 따라 다른 기분이 들 수도 있다. 막판엔 정말 뭔가에 '속았다' 싶은 생각마저 들지만, 관객을 기만한다는 뜻은 아니다. 오히려 이 영화가 가진 플롯의 매력이자 주제를 슬그머니, 그리고 자연스럽게 명치에 쑤셔 넣는(이런 장면이 실제로 두 번 나온다) 아뜩한 설정이랄 수 있다.

인간이 지닐 수 있는 최고의 지능으로 개발한 AI가 어떻게 인간에게 도전적인 존재가 될 수 있는지는 아직도 논의 중인 사항이다. 관련 학문이나 개발 종사자들 사이에서도 의견이 분분한 것으로 안다. 핵심은 AI가 발달하면서 일어날 수 있는 도덕이나 윤리의 문제, AI가 노동을 대체하면서 대량 실업 사태가 발생하게 될 거라는 우려는 기본이다. 그래서 개발을 늦추거나 제한해야 한다는 의견이 존재하는 동시에, 인간이라는 것 자체가 기술 발전에 따라 적응해온 존재이므로 AI 발달에 의한 또 다른 존재 방식 역시 긍정적인 차원에서 예측해볼 수 있다는 의견도 만만치 않다.

새로운 기계가 나타나지 않은 적이 있었나

답은 아직 모른다. 문외한으로서는 더 뭐라 붙일 의견이 없고, 이러저러한 의견들을 참조하며 일단 판단 정지할 뿐이다. 그래도 분명하게 생각하게 되는 건, 인류 역사에서 진보라는 게 오로지 과학 분야에만 한정되느냐 하는 점이다. 자동차나 전화기가 없던 시대, 비행기나 컴퓨터가 일상화되지 않았던 시대에도 인간은 인간 나름의 방식대로 진보해왔고, 지금도 그러하다. 그 와중에 미래에 대한 낙관이나 비관은 항시 반목 대립하면서 세계를 변화시켜왔다. 긍정적인 요소든 부정적인 요소든 결국엔 도래할 건 도래하고, 제어될 건 제어되어왔다.

1969년 닐 암스트롱이 달 표면에 인간의 첫 발자국을 찍은 이후, 조만간 우주를 여행할 수 있을 거라는 기대는 50여 년이 훌쩍 지난 지금도 요원할 뿐이지만, 핵폭탄의 위험은 급

속도로 발전해서 버튼 하나로 전 세계를 멸망시켜버릴 정도다. 모두 인류의 미래를 위해서라는 명목으로 진행된 일인데, 그 '미래'를 담보한 자들은 여전히 소수에 불과한 권력자나 수재들이다. 대부분의 인간은 무서울 정도로 발전하는 문명의 새로운 기기들과 그것들이 불러일으키는 생활 풍속의 변화에 맞춰 자신도 모르게 '개조'되며 살고 있다 해도 과언 아니다. 어쩌면, 19세기 산업혁명 이후 태어난 인간은 모두 어느 정도 '기계화'된 것일지도 모른다. 그럼에도 인간은 계속 인간다움, 혹은 인간성을 되뇌고 다짐한다. 모순 같기도, 길항 같기도, 본능적인 자기조절 같기도 하다.

영화는 그 모든 함의를 묵직하나 고요하게, 그리고 단순하게 매만진다. 네이선은 인공지능 개발 사업체 '블루북'의 CEO다. 현존하는 그 업계 대표 리더들의 특징을 혼합해서 풍자한 듯한 인물인데, '블루북'이라는 이름은 철학자 비트겐슈타인의 책 《The Blue and Brown Books》에서 따왔다고 직접 말한다. 현대 논리학의 최고 '괴작'이라 불릴 만한 책이다. 케일럽은 어릴 때 고아가 되어 소위 '히키코모리'처럼 혼자 자란 개발자인데, 네이선이 직접 뽑아 자신의 거처로 그를 부르면서 영화가 시작된다.

갑자기 웬 튜링과 비트겐슈타인?!

　네이선의 거처에는 듣지도 말하지도 못하며 시중만 드는 동양인 여성 교코(미즈노 소노야)가 있다. 그리고 막 개발 중인 AI 에이바(알리시아 비칸데르)가 반은 로봇, 반은 인간의 형태로 네이선의 테스트를 받는 중이다. 네이선은 에이바의 지능을 테스트하기 위해 케일럽을 불렀다고 말하며 실제로 튜링 테스트를 진행한다. '튜링 테스트'는 바로 AI의 창시자라 불리는 앨런 튜링이 최초로 고안한 것이다.

　여기서 흥미로운 지점은 비트겐슈타인과 튜링의 관계다. 둘은 케임브리지 대학의 사제지간이었다. 그러나 결국 사이가 틀어졌는데, 수학적 확정성에 대해 회의한 비트겐슈타인에 반발해 튜링이 수학의 완전성을 주장한 까닭이다. 둘 다 동성애자였다는 건 그저 가십처럼 여겨질 수도 있으나, 영화에서 추후 갈등하며 대립하게 되는 네이선과 케일럽을 보면서 둘의 관계를 상상하게 되는 것도 이상한 일만은 아닐 것이다. 아니, 오히려 이 영화가 AI를 소재 및 주제 삼아 인간의 분노와 사랑, 복수와 배신을 다루고 있다는 점에서 매우 적실한 레퍼런스가 될지도 모른다.

지식은 쓰이기 나름인 칼과도 같다.

앞서 말했듯, 아주 단조롭고 고요하고 묵직한 영화다. 뛰어난 영상 효과는 상당히 매혹적이나, 영상에만 시선을 뺏기면 핵심을 놓칠 수도 있다. 케일럽과 네이선, 그리고 에이바와 케일럽이 테스트를 하면서 나누는 대화는 사소하고 심상한 듯하나, 결국 이 셋의 관계가 어떤 식으로 파국을 맺게 될지에 대한 단서들을 은근슬쩍 봉인해놓는다. 단순한 질문과 대화들이 어떤 내밀한 공식들로 인해 사람의 감정, 혹은 이성의 밑바닥을 들춰내는지 파악하게 되면서 비트겐슈타인이 떠오른다 해도 비약이나 과장은 아닐 거다. 비트겐슈타인의 철학은 난해하기로 유명하지만, 그가 논리학의 맹점 혹은 특징을 짚어내는 기본 토대는 언어가 사용되는 방식에 있다. 〈엑스 마키나〉는 그런 점에서 비트겐슈타인과 튜링의 유산들이 어떤 식으로 21세기 인공지능 연구에 인용되고 있는지에 대한 쏠쏠한 다이제스트로 볼 수도 있다.

진짜 테스트는 지금부터야!

너무 암울하고 지루하고 심지어 난해한 영화라는 선입견을 가질 필요는 없을 듯하다. 지식은 쓰이기 나름인 칼(영화에서도 중요한 도구로 쓰인다)과도 같다. 도덕이나 윤리도 마찬가지다.

칼을 쓴다는 건 매우 일상적이고 유용한 행위이지만, 그게 위협의 도구로 쓰이는 경우도 허다하다. '칼자루를 쥔 자'의 욕망이나 감정이 그때 큰 작용을 한다. 인류가 발견해낸 모든 도구가 그러하다. AI도 딱 그 선에서 바라보는 게 어떨까.

〈엑스 마키나〉는 결국 인간의 감정이 AI에게 어떤 식으로 작용하거나 전이될 수 있는지에 대한 가상 테스트 같은 영화다. 네이선과 케일럽, 에이바가 주요 인물이지만, 말끔히 차려입고 말없이 시중이나 드는 것 같은 교코 또한 결과적으론 하나의 역할을 한다. 삼각형 구조가 결국 사각으로 꿰어져야 하는 건데, 그 마지막 선의 절반 정도를 교코가 메운다고 할 수 있다. 삼각으로 시작했으나, 완전히 꿰어지지 못한 사각의 체계. 이 영화에선 많은 사각형(여러 겹의 창이나 문)이 존재한다. 스크린 자체가 사각임은 말할 것도 없다. 완전히 매듭지워지지 못한 한쪽 선. 이 영화가 남긴 질문이자 대답이 바로 여기 있다. 진짜 테스트는 이제 시작인 건가. 다음 차례 로봇. 입장하시오.

5

영화란 무엇인가

미치광이 피에로
Pierrot le Fou

"누구한테 한 말이야?"
"관객들한테!"

예나 지금이나 고다르에 대해 얘기한다는 것은 곧 영화를 얘기한다는 의미이다. 동시에, 우리가 익히 알고 있는 영화에 대해 다르게 얘기하거나, 영화라는 것을 배반하는 일이기도 하다. 또는, 영화가 영화 아닌 것과 내통하거나, 영화 자체가 영화가 아니라는 사실을 거꾸로 증명하는 일일 수도 있다. 이상한 말이다. 적어도 우리에게 익숙한 영화라는 매체에 대해 일말의 의심이나 반성이 전제되지 않는다면 궤변에 불과할지도 모른다. 왜 이런 이상한 말을 나는 하고 있는 걸까.

영화는 영화가 아니다

고다르는 영화작가(영화감독을 '작가'라 칭한 최초의 인물 중 하나이기도 하다)인 동시에, 영화를 영화 아닌 것으로 '발명'한 사람이다. 역시 이상한 말이다. 영화는 생물학적 존재로서의 장 뤼크 고다르가 태어나기 반세기 전에 이미 발명되었다. 그 반세기 동안 영화는 특정한 형식 체계와 규칙들을 만들어가면서 발전했다. 프랑스에서 시작되었으나 고다르가 활동할 당시엔 미국 할리우드가 영화의 제국으로 성장해 대중을 현혹시켰다. 온갖 영화적 기법이 실험되다가 일정한 서사 구조와 카메라워크, 캐릭터 구성 및 갈등 양상 등이 체계화된 것도 그 무렵이다. 그런데, 1930년 스위스에서 태어난 프랑스인 고다르는 그게 다 영화의 근본 원칙이 아니라 여겼다. 그리하여 그는 전 세계 영화계의 혁신적인 이단아, 혹은 고집불통 반골로 자리매김했다.

고다르의 영화를 익숙한 서사 원칙이나 구성으로 이해하려 들면 재미도 의미도 찾기 힘들다. 고다르는 그 익숙한 '재미'와 '의미' 또는 '흥미'에 반기를 드는 영화를 줄곧 만들었다. 그것은 곧 영화에서 사람들이 찾게 되는 여러 삶의 기저들, 가령 행복이나 사랑, 불행이나 기쁨, 삶과 죽음 등이 거짓되거나 가공된 픽션이라는 나름의 통찰에 기반한다. 삶은 영화에서처럼 잘 짜인 플롯이나 맞춤한 개연성 등으로 고조되는 극적 긴장을 가지고 있지 않다. 그저 불연속적인 우연과 조각난 인상이나 사건들이 좌충우돌하다가, 어느 순간 느닷없이 익히 알고 있던 삶의 궤적이 해체되거나 분열될 뿐이다.

사람은 그 안에서 어떤 일관성도 찾기 힘든 방식으로 운명에 이끌린다. 또는 그렇게 그 운명에 저항하다가 대체로 실패한다. 삶에 대해서도 영화에 대해서도 영원히 답은 없다.

끝없이 낭비되듯 던져지는 질문과 불분명한 확신과 그로 인한 방황뿐이다. 그러한 삶의 흐름을 특정한 얼개 안에 짜 맞추어 그럴듯한 이야기를 꾸며내는 영화는 삶도 영화도 기만하는 가짜 형식일 뿐이다. 이러한 전제를 염두에 두지 않으면 고다르의 영화는 카메라라는 도구로 아무렇게나 꿰맞춘 엉터리 퍼즐처럼 여겨질 뿐이다. 굉장히 역설적인 얘기다. 고다르는 영화를 엉터리처럼 만들어 우리가 익히 알고 있는 영화가 실상은 인위적인 질서 안에 갇힌 채 공감을 강요하는 엉터리 시스템임을 폭로한다. 거기엔 모종의 전체주의나 일방적 도덕률을 뒤흔드는 정치적 함의도 숨어 있다. 특정 영화가 한 달도 채 못 되어 전 인구의 4분의 1이 관람하게 되는 걸 문화적 쾌거라 자주 일컫는 이 나라 사람이었다면 고다르는 진즉 굶어 죽었을지도 모른다. 농담만은 아니다.

광대의 가면은 구경하는 이의 속심이다

고다르의 영화 중 그나마 서사 줄기와 극적 긴장이 도드라지는 작품은 〈미치광이 피에로〉일 것이다. 한 부르주아 남성이 가족을 버리고 젊은 여인과 일탈 행위를 벌이다 비극을 맞는 이야기다. 1930년대 미국을 충격에 빠뜨렸던 '보니와 클라이드' 사건과 닮았는데, 그 사건을 바탕으로 미국의 아서 펜 감독은 1967년 〈우리에게 내일은 없다〉를 만들었다. 2년 차를 두고 만들어진 두 작품은 각기 다른 관점에서 명작으로 남았다. 아서 펜의 작품은 이른바 할리우드 누아르 공식에서 크게 벗어나지 않는다. 남녀가 자동차를 타고 다니면서 강도와 살인 행각을 벌이다가 비참한 최후를 맞는다는 이야기. 이후 비슷한 설정의 영화가 여러 차례 제작되었다(올리버 스톤의 〈Natural Born Killers〉(한국 개봉 제목 〈올리버 스톤의 킬러〉)가 대표적이다). 마지막 총격 장면은 영화사에서 명장면으로 남아 있다.

〈미치광이 피에로〉는 영화 팬들에겐 새삼 설명할 필요도 없는 영화다. 60여 년 전에 만들어졌지만, 풍부한 색채감과 역동적인 영상은 향후 영화의 촬영 기법이나 미장센에 큰 영향을 끼쳤다. 고다르의 데뷔작 〈네 멋대로 해라〉에서부터 호흡을 맞춘 장 폴 벨몽도와 안나 카리나의 연기는 고다르 특유의 '연기를 연기하는' 공식에 자연스럽게 투철하다. 이 말도 역시 이상하다.

고다르는 배우들이 감정을 쏟아부어 연기하는 걸 배제했

다. 배우들은 연기를 하는 듯 그 자신이고 그 자신인 듯 배역의 틀을 쓴 이른바 '속이 드러난 광대'에 가깝다. 벨몽도는 벨몽도인 동시에 배역인 페르디낭이다. 안나 카리나도 마찬가지다. 어쩌면 이건 당연한 사실이기도 하다. 모든 배우는 생물학적 존재로서의 자기 자신인 동시에 배역의 탈을 쓴다. 그러나 대체로 극 안에서는 자신임을 숨긴 채 '탈'만 보여준다. 그럼에도 관객은 자주 착각한다. 배우가 배역과 똑같은 사람이라 여기게 되는 것이다. 예전엔 영화나 드라마에서 나온 배우(특히 악역)를 실제로 보고 욕을 하거나 폭력을 행하는 경우도 다반사였다. 영화는 바로 그 착각과 혼동을 기저로 관객에게 판타지를 제공한다. 그게 일종의 할리우드 공식이다. 그런데 고다르는 그러한 특성을 교묘히 풍자한다.

"누구한테 한 말이야?"
"관객들한테!"

고다르의 대부분 작품은 '영화에 대해 고찰하는 영화'다. 요즘 흔한 말로 '메타 영화'인 셈이다. 고다르는 이게 단지 영화일 뿐이고, 사실은 실재와 하나도 똑같지 않으며, '이것이 영화라는 사실을 보고 있는 당신은 주지해야 한다'고 거듭

확인시킨다. 〈미치광이 피에로〉에서도 그런 장면이 있다.

두 주인공이 오픈카를 타고 가면서 대화를 나눈다. 그러다가 갑자기 벨몽도가 뒤돌아보며 뭐라 한마디 던진다. 둘이 나누던 대화와는 다른 맥락이다. 그게 무슨 말인지도 별로 중요하지 않다. 안나 카리나 묻는다. "누구한테 한 말이야?" 벨몽도가 히죽 웃으며 답한다. "관객들한테." 이런 장면은 고다르의 작품에서 흔하다. 고다르는 스스로를 '영화 에세이스트'라 자주 칭했다. 영화를 통해 허구를 전달하기보다 삶과 세계에 대한 철학적 통찰을 전한다는 뜻이다. 자주 사용되는 내레이션 기법과, 극적 맥락과는 무관해 보이는 성찰들을 뜬금없이 던지는 형식은 거의 시적 아포리즘에 가깝다. 그렇다고 어떤 무게감 있는 메시지를 전달하려는 의도 따윈 없어 보인다. 그저 어떤 상황이나 느낌에 대한 언어적 뇌까림에 불과할 뿐이다. 그 뇌까림조차 기존 언어 맥락과는 많이 다르다. 단어와 구문이 뒤죽박죽 뒤섞인 채 조각난 언어들이 산발적으로 출몰한다. 거기서 프랑스 문학 특유의 사변과 언어유희를 캐치하는 건 어려운 일이 아니다.

〈미치광이 피에로〉는 멀쩡해 보이는 사람이 세계와 삶의 관성에 저항해 일탈하고 갈등하다가 스스로 자멸하는 이야기다. 피에로는 타인을 울고 웃기면서 정작 스스로는 탈 뒤로 숨는 자다. 또는 자신을 숨긴 채로 세계가 뒤집어쓰고 있는 탈을 벗기려 드는 자다. 슬픔을 웃음으로 표현하고 분노를 코미디로 바꾸어 사람들이 감추거나 숨기고 있는 인간 본성의 어둡고 일그러진 측면을 몸을 통해 드러내는 자. 그런 사람의 '쇼'를 보는 것은 즐겁고 우스울 수 있으나, 그 웃음과 즐거움은 결국 내재된 슬픔과 분노가 오래 삭힌 거름처럼 불타올라 삶의 실체를 발가벗기는 걸 목도하는 일이 된다.

영혼, 그것은 삶도 허구도 모두 아우른 코미디

관객은 그저 그걸 향유하고 소비할 뿐이다. 관객(일반 사람)은 결코 자신 안의 피에로를 들키지 않으려 한다. 영화는 그러한 자기기만적인 판타지 소비자들의 영악한 속심을 들추어 판돈을 키운다. 한때 사람들의 희로애락을 대신 충족시켜주던 피에로는 결국 소모되고 버림받는다. 또는 숫제 그 '판'에서 스스로를 이탈시킨다. 얼굴에 시퍼런 칠을 하곤 머리에 다이너마이트를 두른 채 자폭하는 벨몽도-페르디낭은 아무런 극적 효과도 없이 갑자기 펑! 하고 바닷가에서 사라진다.

얼굴에 시퍼런 칠을 하곤 머리에 다이너마이트를
두른 채 자폭하는 벨몽도-페르디낭은 아무런 극적
효과도 없이 갑자기 펑! 하고 바닷가에서 사라진다.

얼굴 없는 두 주인공이 바다를 배경으로 랭보의 시를 듀엣으로 낭송한다.

그것을 되찾았다
무엇을?
그것은 태양과 섞인 바다

시의 제목은 〈영원〉이다. 바다가 있는 한, 그리고 태양이 있는 한, 피에로는 죽어 영원히 산다. 비극과 코미디는 그렇게 섞인다. 그것을 삶도 허구도 모두 아우른 '영혼'이라 일컬으면 어떨까.

당나귀 발타자르
Au hasard Balthazar

보이는 것의
보이지 않는 모습

로베르 브레송 1966

그림 그리는 사람들 속설 중 이런 게 있다. '코끼리보다 용이 더 그리기 쉽다.' 언뜻 의아할지도 모르겠다. 보기에 용의 형태가 더 복잡하고 요란해 보이는 탓일 거다. 용은 가상 동물이다. 이 속설의 의미는 바로 여기에 있다. 사실에 근거한 형태의 실체를 더 파악하기 어렵다는 뜻이다. 눈에 보이는 모습이 전부가 아니라는 함의도 숨어 있다. 형태를 모사하는 건 기본 기술만 터득하면 누구나 할 수 있다. 하지만 중요한 건 보이는 것의 보이지 않는 모습이다.

코끼리보다 용을 그리기가 더 쉽다?

용은 실제로 볼 수 없다. 그래서 마음대로 상상할 수 있다. 용의 물리적 실체적 본질 따위도 신화나 설화를 바탕으로 요령껏 꾸며낼 수 있다. 형태는 거기 부가되는 시각적 외연일 뿐이다. 우리는 용을 실제로 보지 못했고, 그래서 알 수 없다. 이상한 역설이 생긴다. 보지도 못했고 알 수 없는 존재의 형태를 그려낼 때 더 화려하고 극적으로 여겨지다니.

로베르 브레송 감독에 대해선 어떻게 설명해도 불완전하다. 기왕의 평가를 바탕으로 '장 뤼크 고다르 등 누벨바그 감독들에 의해 추앙받으며 할리우드 영화에 대적해 오로지 영화에 의한, 영화를 위한, 영화만이 창조할 수 세계를 구축한 감독'이라 얘기하는 것만으로 온전한 설명은 불가능하다. 그건 브레송 생전에도 그랬고 지금도 그렇다. 현재 영화는 브레송이 창조했던 것과는 정반대로 발전하고 있다. 브레송이 추구했던 영화엔 아무런 극적 과장이나 스펙터클이 없다. 그저 사람과 사물이 존재하고 움직이고 죽고 살아남을 뿐이다.

격렬한 감정도 아련한 향수나 애절한 사랑도 존재하지 않는다. 마치 물에 담가 현상한 사진을 무심하게 널판에 걸어 놓은 듯 무감하고 건조할 뿐이다. 한없이 지루하고 나른하고 단조롭지만, 보다보면 어느덧 가슴이 미어지거나 온 세상이 허방 속에 붕 떠버리기라도 한 듯 머리 둘 데가 없어지기도 한다. 브레송은 배우를 '모델'이라 칭한다. 최신식 의상을 입고 런웨이를 우아하게 워킹한다는 뜻이 아니다. 그저 하나의 사물이나 특정 부류 인간의 형태를 객관화하여 냉랭하게 카메라로 찍어낸다는 의미다. 그러면서 세계 속에 존재하는 인간의 숙명, 선과 악의 양면성, 구원 등의 주제를 묵직하게 걸러낸다.

당나귀는 왜 당나귀인가,
또는 왜 당나귀가 아닌가

1966년 작 〈당나귀 발타자르〉는 당나귀가 '모델'이다. 당나귀의 일생을 건조하고 담담하게 추적한 영화라 요약할 수 있다. 당나귀는 당나귀인 만큼 카메라 앞에서 '연기'할 수 없다. 그저 존재하고 움직인다. 처음엔 시골 마을에서 아이들과 평화롭게 지내는 어린 당나귀가 등장한다. 이때만큼은 그저 목가적이고 평온하다. 그러다 일순 컷들이 툭툭 끊어지며 어른(?) 당나귀가 등장한다. 어울려 놀던 아이들도 성인이 되었다. 평화도 뚝 끊어진다. 당나귀는 이 사람 저 사람 손으로 옮겨지며 온갖 수난을 겪는다. 카메라로 옮겨낸 당나귀가 어떤 생각을 하고 무슨 감정을 느끼는지 정확히 알 수는 없다. 다만, 인간의 관점에서 모종의 감정이입이 발생하거나 그로 인한 가치 판단이 있을 수 있을 뿐이다.

당나귀는 한 사내에게 학대를 당하다 또 다른 사람 손에 넘어가 서커스단의 볼거리가 된다. 사람들은 객석에 앉아 당나귀의 '재주 아닌 재주'를 보며 깔깔거린다. 학대와 웃음거리, 육체적 고통과 피로 등을 통해 당나귀의 고난을 충분히 공감할 수 있을 것이다. 하지만 이때부터 영화는 묘한 마법을 발휘한다. 당나귀는 당나귀로 존재하는 상태에서 카메라에 잡혔지만, 당나귀가 당나귀로 화면에 나타나 이런저런 경험을 겪으면서 당나귀가 당나귀를 넘어선 존재로 변하게 되는 것이다. 말장난 같은가. 아니, 다만 사실을 적시했을 뿐이다. 영화는 당나귀라는 동물, 즉 당나귀라는 '모델'을 통해 인간을 드러낸다. 동물을 통해 인간 세계를 우화적으로 풍자했다는 뜻이 아니다.

당나귀는 그저 한 마리의 당나귀에서 출발해 인간을 인유引喩하는 선을 넘어 보편적 인간 존재를 넘어선다. 특정 개인의 삶을 특정하게 보여주는 게 아니라, 개인의 특성이나 개성을 당나귀로 지워 외려 더 포괄적인 인간의 조건과 숙명을 커다랗게 보여주는 것이다. '모델'이라는 단어는 그런 의미에서 적확하다. 카메라 앞에 선 배우는 단순히 쓰여진 대본에 따라 연기하는 사람이 아니라 어떤 사실, 어떤 공간, 어떤 행동의 보편적 함의를 상징하는 '기표'일 뿐이다. '모델'은 자신을 드러냄으로써 자신뿐 아니라 인간의 모든 작위적 인위적 조작들을 해체한다. 스스로 무의미가 되어 세계의 본질적 의미를 까발린다. 당나귀는 그래서 인간의 카메라에 찍힌 상태

291

중요한 건 보이는 것의 보이지
않는 모습이다.

로 오히려 모든 인간을 굽어보게 된다. 당나귀는 화면 안에서 등장해 화면 바깥에 존재한다. 이상한 말이다. 그래, '마법'이라 하지 않았던가.

'시네마토그라프'의 이상한 마법

브레송은 영화를 '시네마'가 아닌 '시네마토그라프Cinéma-tographe'라 칭했다. 한글로는 어떤 단어를 써도 정확한 의미를 짚어내기 힘들다. 그저 그 단어 자체가 하나의 형식이고 내용이고 장르(?)라 여길 수 있을 뿐이다. 그가 쓴 《시네마토그라프에 대한 노트》란 책이 있다. 잠언 형태로 쓰여진 그 책에서 몇 문장을 임의로 뽑아보자.

"특히 중요한 것은 그들 내면에 누가 있는지 그들 스스로가 미리 예단하지 않는 것이다."

"모델들은 밖으로부터 내부로 요구되는 움직임에 충실하고, 배우들은 내부의 감정적 동요를 외부로 드러내는 움직임에 충실하다."

브레송이 '모델'이라 명한 '카메라 앞의 인물'의 정의를 위와 같은 문장들에서 유추해낼 수 있다. 흔히 영화나 연극, 드라마 등에서 보여지는 배우들은 '내부의 감정적 동요를 외부로 드러내는' 연기를 한다. 하지만 브레송의 '모델'은 그 반대다. '모델'에겐 자아가 불필요하다. 그렇다고 기계도 아니다. 그저 있는 그대로, 아무 생각 없이 카메라 앞에 모종의 지시와 요구에 따라 움직이고 말할 뿐이다. 그렇게 등장한 인물들은 개성보다 보편성, 이야기보다 흐름, 이해보다 관찰을 더 요하게 된다. 브레송은 또 이렇게 말한다.

"유성 시네마가 발명한 것은 침묵이다."

영화는 어쩌면 우리가 지금 알고 있는 것과 전혀 다른 것인지도 모른다. 근 60년 전의 영화지만, 볼 때마다 신기하고 낯설고 오묘하다. 그걸 설명할 필요도 설명할 수도 없어 그의 문장을 자꾸 들여다보게 된다. 역시, 문장도 영화와 마찬가지로 들려주는 것보다 들려주지 않는 말이 더 많다. 그래서 더 듣게 되고, 다르게 들으려 하게 된다. 당나귀는 왜 당나귀인 채로 당나귀도 인간도 아닌, 세상 모든 것과 그것들의 운명이었는지. 물론 여전히, 답은 없다.

나는 나 자신을 구경하는 '모델'이다

다시 모두에 던진 화두로 돌아가보자. 용을 그리려고 하면 마음대로 그려도 큰 문제가 되지 않는다. 그저 보기에 멋있게 잔뜩 기술을 부려 그 웅장함과 용맹을 표현하기만 해도 된다. 하지만 코끼리는 어떻게 그려야 하나. 코끼리 사진을 보거나 동물원에 가서 직접 관찰해 그리는 등 여러 방법이 있을 것이다. 그리는 사람의 실력과 재능, 관점에 따라 멋있는 코끼리가 그려질 수도, 불쌍한 코끼리가 그려질 수도 있다. 똑같은 코끼리 한 마리를 두고도 각기 다른 코끼리 그림이 나올 것이다. 당연한 얘기다. 하지만 그 어느 그림도 코끼리 그 자체를 표현하지는 못할 것이다. 폴 세잔이 똑같은 산과 사과를 수백 번 고쳐 그리면서 절망한 것도 그런 연유다. 코끼리를 아무리 그려도 코끼리가 그려지지 않고, 아무리 봐도 코끼리가 코끼리가 아니다. 코끼리는 코끼리인 상태로 볼 때마다 다른 게 되어 있으니까. 이게 바로 모든 예술의 본질이다. 그럼에도 코끼리는 (그래서 결국) 코끼리일 수밖에 없는 것. 역시 예술의 아이러니다.

당나귀를 아무리 그려도 당나귀가 그려지지 않는다. 절망도 희망도 욕구도 비우고 아예 황칠을 한다. 당나귀를 보고 당나귀를 그려보고자 했던 것은 영화에서 보이는 어떤 불운이나 구원에 대한 암시를 체험해보고자 하는 충동 때문이었을 거다. 그러나, 당나귀는 결코 당나귀 그 자체로 그려지지 않는다. 나는 나 자신에게마저 이탈해 혼자 우스꽝스러운 재주를 피우는 나 자신의 구경꾼이 되어버린다. 그래도 괜찮은가. 그래, 나도 그저 나의 무수한 '모델' 중 하나일 뿐이니까. 컷오프.

세상에서 가장
'정신 나간' 영화

베르너 헤어초크, 1982

'세상에서 가장 정신 나간 영화(또는 감독)'라는 타이틀로 순위를 매겨본다고 치자. 어떤 영화들이 차트에 오르게 될까. 사람마다 퍼뜩 떠오르는 여러 감독, 여러 작품이 있을 것이다. 물론 주관적이다. '정신이 나갔다'라는 걸 여러 측면으로 해석할 수도 있다. 딱히 부정적인 의미만은 아니다. 평범한 사람들이 생각할 수 없거나, 불가능하다 여겨지는 것들을 영화로 만들거나, 영화 제작 자체가 가히 상상을 초월한 과정을 거친다는 의미로 떠올려본 가정이다.

세상에서 가장 정신 나간 영화감독?

나로선 베르너 헤어초크가 가정 먼저 떠오른다. 많은 이들이 동의할 거라 여긴다. 그는 한마디로 미친 감독이다. 물론 경솔한 속단이자 편견일 수도 있다. 불가능한 것을 상상하거나 실현하는 사람을 미쳤다고 함부로 단정하는 건 나 자신도 동의하지 않는다. 다만 자신만의 꿈을 위해 고군분투하고, 웬만한 사람이 할 수 없는 일을 이뤄내는 사람을 세상은 자주 미쳤다고 조롱하곤 한다. 그런 관점에서 보면 베르너 헤어초크는 아무래도 상궤를 벗어나는 측면이 강한 인물이다. 〈위대한 피츠카랄도〉는 제대로 정신 나간 영화임에 분명하다.

〈위대한 피츠카랄도〉는 속담 그대로 '배가 산으로 가는' 얘기다. 하지만 한국 속담이 가진 본래 의미와는 별 상관 없다. 실제로 그냥 배가 산으로 갈 뿐이다. 헤어초크의 페르소나이자 철천지원수이자 둘도 없는 동료인 클라우스 킨스키가 연기한 피츠카랄도는 1900년대 초반 페루에서 실존했던, 아마존에서 고무나무 사업으로 명성을 떨친 인물이다. 그를 모티프 삼았을 뿐, 영화는 실제로 있었던 일이 아니다. 그런데 이 설정이 흥미롭다. 실제로 존재했던 인물을 모델로 실제로 없었던 일 혹은 일어날 법하지 않은 일을 실제로 실현한 영화다. 영화를 찍으면서 실제로 배를 산으로 옮긴 것이다.

제작 기간은 4년이 걸렸다. 수천 명의 인디언 원주민이 등장하고, 아마존에서 뱀과 맹수, 급류와 밀림과 싸우면서 만든 영화다. 촬영 중 사망자도 다수 발생했고, 헤어초크와 킨스키의 갈등은 극에 달했다. 아마존을 배경으로 제작된 또 하나의 미친 작품 〈아귀레, 신의 분노〉(1972) 촬영 당시에도 둘은 살인을 불사할 각오로 대립했다. 둘의 관계 또한 제정신이면 도저히 유지하기 힘들었을 텐데, 그러한 사정은 헤어초크가 킨스키를 추억하며 만든 다큐멘터리 〈나의 친애하는 적: 클라우스 킨스키〉(1999)에 잘 드러나 있다.

배가 정말 산으로 간다!

이야기는 단순하다. 오페라(특히 엔리코 카루소)에 미친 사업가 피츠카랄도가 아마존 선상에서 장대한 오페라를 공연하기 위해 전 재산과 목숨을 건다는 스토리. 158분의 긴 러닝타임이 오로지 그 꿈을 실현하기 위한 과정으로만 점철된다. 20세기 초반 유럽의 제국주의가 남미 원주민들을 노예로 삼아 억압하고 부려먹는 이야기라는 맥락을 갖다대 비판할 소지도 다분하지만, 피츠카랄도의 광기에 적극 협력하는 원주민들의 모습을 보면 별 설득력이 없어진다. 원주민들에게 피츠카랄도는 모종의 불가사의한 신적 존재로 비쳤던 것 같다. 그렇지 않다면 아무런 보상도 대가도 없이 그의 미친 짓에 동참하는 모습을 이해하긴 힘들다. 피츠카랄도는 줄곧 하얀 정장을 입고 등장한다. 아마존 원주민들은 하얀 신을 숭배한다.

피츠카랄도는 애인 돌리(클라우디아 카르디날레)와 함께 페루의 정·관계 인사들에게 자신의 사업을 설득시키려 동분서주한다. 물론 그들 대부분이 유럽에서 건너온 백인들이다. 정글과 원주민들을 자기 소유화하는 과정이 잘 드러나는데, 작품

초반부의 주된 내용이다. 클라우스 킨스키 특유의 산만하고 다층적인 인물 구현이 입체감 있고, 클라우디아 카르디날레의 능글맞을 정도로 새침한 연기가 일품이다. 그러다가 본격적으로 사업이 시작되면서 점점 괴이한 설정들이 이어진다.

처음에 동참했던 인물들이 하나둘 나가떨어지기 시작하면서 계획은 난관에 봉착한다. 이때 원주민들이 합류한다. 그러면서 사업은 모종의 제의祭儀적인 느낌을 띠게 되는데, 자연의 완강한 한계와 법칙을 거슬러 가는 일련의 과정에서 막 비행기가 발명되고 증기선이 대양을 가로지르는 20세기 초반의 세계가 불현듯 원시적 욕망과 그로 인한 분투의 장으로 변한다. 설상가상 밀림에 득실대는 식인종의 등장은 인간 문명의 거함을 침몰시킬 수도 있는 강력한 암초가 된다. 식인종을 피해 목적지까지 배를 옮기려면 지름길을 선택할 수밖에 없다. 그게 결국 산을 넘는 일. 그렇게 배가 산으로 간다.

영화 만드는 과정 자체가 더 극적인 영화

그 장면을 구현하기 위해 제작진은 밀림의 나무를 실제로 베고 커다란 배를 인력을 동원해 산으로 옮긴다. 영화에서 드러난 장면은 극히 일부일 것이다. 편집된 영화보다 그 장면을 만들어내는 과정 자체가 나로선 더 광대하고 거대한 망상의 파노라마처럼 여겨진다. 도대체 왜 그래야 하는지, 꼭 그럴 수밖에 없었는지, 그럼으로써 어떤 내적 외적 성과를 노렸던 것인지 어이없어하다가도, 그것을 결국 해내고야 마는, 거대하고 불가능한 꿈을 정신적 육체적 고난과 실질적 구상으로 이뤄내고야 마는 집념과 의지에 혀를 내두르게 된다.

물론 헤어초크 감독의 개인적 야심에서 출발한 일일 테지만, 동원된 배우나 스태프, 수많은 원주민들에겐 어떤 동기가 작동했던 건지 사뭇 궁금해질 수밖에 없다. 아무리 영화라지만, 이 작품은 어떤 특수 장치 없이 인간의 육체적 분투가 실제로 이뤄지지 않으면 도무지 완성될 수 없는 영화였다. 연기하는 것 자체가 목숨을 거는 일이니만큼 단순한 연기가 아니고, 삶의 끝을 바로 코앞까지 끌어와야만 가능한 일이니만큼 살아도 살아 있지 않은 듯한 상태를 이겨내야만 한다. 요컨대 그 어떤 치명적 홀림이나 사명 의식(?) 없이는 불가능한 일. 무시무시한 타나토스의 발현이라 하지 않을 수 없다.

그렇게 한번 '정신이 나갔다'가 돌아오면
문득 세계가 달리 보인다. 자신도 이미
이전과는 다른 무언가로 변해 있다.

자못 지리할 수도 있는 긴 러닝타임을 홀리듯 견디게 만드는 것도 인간 본성에 내재한 그 강렬한 타나토스의 욕구 때문일 것이다. 대개 그 욕구는 잠재되어 있거나 은폐되어 있거나 여러 사회적 규약에 의해 금기시되곤 한다. 문명사회는 대체로 사람에게 안온한 삶을 강요하기 마련이다. 그 안에서 사람은 이중적이다. 안온함을 추구하면서도 그 안에선 충족될 수 없는 내밀한 욕구와 그것을 추동하는 본원적 힘에 이끌리는 것이다. 사랑이나 일탈, 축제나 폭동 등은 그러한 작용에 기반한다.

그것들은 대체로 사람을 모종의 극지로 이끌고 간다. 일상적이지 않은 특별한 감정 고양 상태는 사람을 종종 미치게 만든다. 가능할 법하지 않은 것을 꿈꾸게 하고, 그 꿈을 실현하기 위해 스스로를 정해진 질서 바깥으로 내몰기도 한다. 그렇게 한번 '정신이 나갔다'가 돌아오면 문득 세계가 달리 보인다. 자신도 이미 이전과는 다른 무언가로 변해 있다. 그것은 외부에서 씌운 가면이라기보다는 여태껏 평온하게 쓰고 있던 가면을 내던진 자신의 진짜 모습일 수 있다. 그렇게 마주한 세계 역시 이전의 가면을 벗은 날것의 실체이다. 없었던 게 아니라 숨겨져 있었던 것이고, 몰랐던 게 아니라 모른 척할 수밖에 없었던 인간 본성의 투철한 원 지점인 것이다.

스스로를 정복한 자 피츠카랄도 혹은 헤어초크

헤어초크는 바로 그러한 삶의 심원한 지대를 줄곧 들여다 본 감독이다. 그는 영화라는 인류 첨단의 도구로 인간의 본 원적 원시성을 투시했다. 그러기 위해선 때로 실재를 환각으로 바꾸어야 한다. 거대한 오페라를 실연하기 위해선 기존의 예의 바른 어법을 버려야 하고, 장구한 인간의 심연을 통찰하기 위해선 새하얀 정장을 시뻘건 진흙으로 칠갑해야 한다. 마침내 선상에서 카루소의 오페라를 공연하게 된 피츠카랄도의 옷 색깔이 바뀌었다. 검은색이다. 하얀 신의 가면으로 원주민들을 현혹시키고선 비로소 본질을 드러낸 것일까. 커다란 시가를 입에 물고 득의만면한 그가 문득 악마 같기도 신 같기도 하다. 또는, 그 둘에 휘말려 자신을 밀림과 강 한가운데 홀로 띄운 어떤 인간의 발가벗은 실체 같기도 하다. 미쳤든 제정신이든 그는 스스로를 정복했다. 이 사람을 보라!

날 못 믿겠어?
내가 영화야!

영화는 시간의 흐름을 따라 진행된다. 러닝타임이 두 시간이라고 했을 경우, 시작할 시점과 끝날 시점에 시계를 확인하면 딱 두 시간이 흘러가 있다. 누구에게나 그렇다. 시간이 하나의 공통된 약속 체계로 작용하기 때문이다. 수백 년의 역사를 다루든 단 하루의 이야기를 다루든 그 체계는 변하지 않는다.

영화의 기본 체계를 비틀고 부수는 영화

물론 시간의 속성상 체감하는 영역은 누구에게나 다를 수 있다. 그래도 객관적인 시간 원칙은 고정돼 있다. 그건 영화 안에서도 마찬가지다. 과거와 미래, 현재가 혼재되어 진행되는 영화라도 결국은 직선적 시간 흐름에 종속되어 사람의 감각과 인식 체계를 자극한다. 삶에서도 그러하듯 영화에서도 시간을 물리적으로 거스르거나 엉키게 할 수 없는 것이다.

뭐 이런 하나 마나 한 얘기를 하고 있나 싶을지도 모르겠다. 그런데, 하나 마나 한 얘기이기 때문에 문득 깨닫게 되는 이 평범한 사실이 약간 의심스럽거나 신비로울 때도 있다. 영화는 평면의 반사체에 투영된 빛과 어둠, 소리와 색조의 혼합물이다. 정확히 말해 허상이고 인공이다. 만져지지도 냄새 맡지도 못한다. 오로지 청각과 시각에 복속한다. 최근의 3D, 4D 영상도 이러한 기본 한계를 극복할 수 있는 건 아니다.

　청각과 시각은 인간뿐 아니라 모든 동물에게도 기본 감각이다. 생존의 밑바탕이자 자신과 타인, 혹은 다른 것과 목표물을 판단하는 물리적 전제 조건이다. 영화는 그것을 구체화한 이미지와 소리를 통해 그것이 마치 실재인 양 현혹시키는 '가짜 이야기'이다. 이 역시 새삼스러울 것 없는 얘기지만, 나로선 데이비드 린치의 영화를 볼 때마다 항상 되씹게 되는 문제이다. 요컨대, 저 가짜들은 얼마나 가짜인 채로 나를 현혹하거나 혹은 사로잡는가, 하는 것. 영화는 얼마나 많은 가공과 조작과 편집과 재배치로 극적 구성을 꾸미는가. 그리하여 무슨 목적으로 현실의 역상 혹은 비틀린 상을 스스로 까발려 다른 세계를 꿈꾸게 만드는가, 하는 상념들. 내게 데이비드 린치는 영화라는 것의 허위(?)를 고발하는 감독이다.

　〈로스트 하이웨이〉는 1997년에 한국에서도 개봉했다. 한한적한 마을의 기묘한 스토리를 불가사의한 영상에 담았던 〈블루 벨벳〉(1992) 이후 5년 만의 극장용 영화였다(그사이에 TV

시리즈로 인기를 끌었던 〈트윈 픽스〉를 극장용으로 제작해 개봉하기도 했다). 이전 작품들에 홀리다시피 했었기에 냉큼 보러 갔었다. 어둡고 음산하고 기괴하고 몽롱하고 요란하고 관능적이고 어딘가 유치하고 어딘가 심오하다, 는 식의 막연한 형용사를 총동원해도 될 만한 작품이었다. 영화를 본 지인들끼리 격론을 벌인 기억도 있다. 누군가는 영화의 스토리 줄기를 완벽하게 파악했다고 자랑하듯 떠벌이기도 했다. 나는 그게 과연 무슨 의미가 있을까, 싶었지만 토를 달진 않았다. 그저 보고 들리는 것들이 내 안에서 총합되어 또 다른 기괴한 괴물 하나가 내 심상에 각인되었다는 판단 이상을 하고 싶지 않았던 까닭이다.

존재해도 종잡을 수 없는 스토리

영화 자체가 가진 물성을 제거하고 줄거리만 나열하자면, 그저 뒤죽박죽 엉성하게 풀어내 B급 누아르나 치정극 정도의 내용밖에 안 나온다. 몇 개의 단서들을 가지고 이야기를 꿰맞춰 두 개의 전혀 다른 듯한 스토리가 커다란 얼개 안에서 희미하게 만난다고 할 수 있겠지만, 그럴 경우 정말 만들다 만 엉터리 영화에 지나지 않게 된다(박찬욱 감독도 "재탕 삼탕

우려먹으며 폼만 잡는다"는 식으로 대차게 비판한 적 있다). 누아르라 치면 히치콕 발톱의 때에도 못 미치고, 치정극이라 치면 트뤼포나 에이드리언 라인의 영화를 보라고 권하고 싶을 정도다. 사실 내 생각에 데이비드 린치는 히치콕이나 트뤼포 등에 아무 관심도 없어 보인다. 그가 만들어낸 영화들은 그들이 만들어낸 영상 미학의 정 반대편에서 혹은 아예 다른 지점에서 영화를 해부하는 데 골몰하는 듯하다. 그래도 살짝 내용 소개를 하겠다.

〈로스트 하이웨이〉를 구성하는 주요 소품은 자동차, 권총, 그리고 카메라이다. 하나 더 덧붙이자면 전화기가 포함될 수도 있다. 색소폰 연주자인 프레드(빌 풀먼)와 아내 르네(퍼트리샤 아켓)가 사는 집에 수상한 전화가 걸려와 정제 불명의 인물이 "딕 로렌트는 죽었다"라는 말로 초반 분위기를 고조시킨다. 배경엔 린치 특유의 들릴락 말락 한 소음 같은 게 나지막이 깔린다. 모든 게 수상하고 모호하고 찜찜하다. 그리고 소포로 날아온 비디오테이프. 데크에 꽂았더니 프레드 집 내부가 찍혀 있고, 느닷없이 피투성이 시체가 등장한다. 프레드와 르네의 관계는 꽤 소원해 보이고 성교 중에도 피차 다른 상념에 몰두하는 듯하다.

경찰이 등장하고 살인범으로 몰린 프레드가 감옥에 갇혀 두통과 불면에 시달린다. 그러다 갑자기 감옥 안의 인물이 바뀐다. 젊은 자동차 정비공 피트(발타자 게티)다. 그는 자신이 왜 감옥에 있는지 모른다. 간수도 경찰도 당황한다. 감옥에서 풀려난 피트는 다시 정비소에서 일하는데, 그의 정비 실력을 높게 산 폭력조직 두목 에디가 웬 금발 미인을 데리고 나타난다. 앨리스(퍼트리샤 아켓 1인 2역)라는 이 여인이 대뜸 피트를 유혹하고, 밀회를 즐기던 둘은 에디의 보복을 피해 도주를 꿈꾼다. 대략 이런 스토리다.

영화를 통해, 현실을 향해 총을 쏘는 영화

폭주하는 자동차와 포르노 필름(에디는 불법 포르노 제조업자다), 느닷없는 총질과 폭력 등이 난사하듯 펼쳐지는데, 앞서 말했듯 맥락은 일관되지도 명확하지도 않다. 프레드가 피트고 앨리스가 르네고 딕 로렌트가 에디이고 하는 정체성 문제 역시 보기 나름, 쪼개서 갖다 붙이기 나름이다. 그런데 그 모든 누더기 같은 것들이 총체적인 힘을 발휘한다. 흔히 데이비드 린치의 작품을 얘기하면서 인용되는 《이상한 나라의 앨리스》를 떠올리는 건 클리셰에 가깝다. 뭐가 뭔지 하나도 영화를 구경하는 사람들은 과연 같은 자리에서 같은 시간에 같은 이미지와 소리를 체험하면서도 똑같은 것을 봤다고 말할 수 있을까.

모를 듯하면서도, 보이지 않는 유리 막대기 같은 것으로 전체의 상을 혼합하고 흐트려놓은, 일그러진 데칼코마니의 느낌. 그런데 그 한가운데가 뻥 뚫려 있다. 누군가 쏜 총탄에 구멍이 나고, 그 사이로 보이는 균열된 유리창에 비친 또 다른 누군가의 얼굴 같달까.

데이비드 린치가 영화라는 것 자체에 총을 쏘는 자라는 느낌을 받은 건 차기작인 〈멀홀랜드 드라이브〉(2001)를 통해서였다. 훨씬 더 복잡하게 꼬이고, 동성애와 할리우드 스타 시스템에 대한 현실적인 비판마저 가미된 작품인데, 단순 풍자를 넘어 사람 사이의 관계와 거기 얽힌 욕망과 질투와 음모 등을 비현실 혹은 무의식의 표피를 떠내어 현실적인 영상에 얹은 느낌이었다. 그렇게 비틀린 영상 체계는 여러 겹으로 현실의 표면을 굴절시킨다. 시간의 직선적 궤도가 뒤틀리며 공간 위상마저 변화한 상황에서 더 깊숙한 내면의 꿈 같은 풍경을 표면에 끌어올린 게 〈인랜드 엠파이어〉(2006)였다. 그 작품을 보면서 세 시간이 30분이 될 수도, 3일이 될 수도 있음을 실감했다.

카메라란 무엇인가, 에 대해 얘기하고 싶었다. 나 아닌 것, 혹은 때로 나 자신마저 끌어당겨 이미지를 만들어내고, 그것들을 조합해 현실에 존재할지도 모르는 이야기를 만들어내는 문명의 도구. 내가 나의 움직임을 영상을 통해 확인하고, 누군가가 그것을 보고, 또 누군가는 그것으로 자신을 실현하거나 해체하는, 때론 소중하고 때론 폭력적인 시각적 포용과 살상의 매개체. 영화란 그것을 통해 시간의 한 틈에 구멍을 내거나, 있던 걸 사라지게 하거나, 없던 걸 가공해내는 작업이 아니던가. 영화를 구경하는 사람들은 과연 같은 자리에서 같은 시간에 같은 이미지와 소리를 체험하면서도 똑같은 것을 봤다고 말할 수 있을까 하는 근본적인 의구심.

허구를 현실로 끌어오는 일, 과연 믿을 만한가

영화를 보면서 어떤 총구 앞에 놓인 듯한 심정을 느끼는 건 스릴감과 공포, 또는 불안, 때로는 현실에서 느끼기 힘든 희열을 다 포함한 상태일 것이다. 그것을 얻기 위해 사람들은 영화를 본다. 또는 그것을 잊거나 통제하기 위해 영화를 발판 삼기도 한다. 허상의 표면에 떠오른 어떤 이들의 말과 행동을 보면서 몸과 마음을 자극받는 행위. 그런데 그것은 또 얼마나 많은 허구를 현실에 끌어오는 일이 될까.

둘이 공모해 사람을 죽여놓고 같이 도망가기로 한 앨리스
가, 피를 흘리며 공황에 빠진 피트에게 총을 겨누며 묻는다.

"날 못 믿겠어?"

믿어도 결국 파국이고, 안 믿어도 결국 저것은 가짜일 것.
그것이 영화라는 이름의 위대하고도 허망한 빛의 작란 아니
겠는가.

밤을 걷는 뱀파이어 소녀
A Girl Walks Home Alone at Night

'영화'라는
흡혈귀

애나 릴리 아마푸르, 2014

흡혈귀는 사랑을 할 수 없는 존재다. 특별한 저주(햇빛이나 십자가 등에 의한 처형)가 없다면 영생하기 때문이라고 일단 말해두자. 사랑의 충동이 인간의 한계 조건에서 발생한다는 전제 하에서 그러하다. 인간은 유한한 존재다. 죽음에 대한 본능적 공포가 삶의 충만과 희열을 역설적으로 불러일으킨다는 건 잘 알려진 철학적 가설이다. 평범한 인간에게도 사랑은 삶의 어떤 순간 또는 어떤 대상을 영원으로 치환시켜 자신의 존재를 유일무이한 것으로 승화하기 위한 노력에 다름 아니다.

흡혈귀에게 사랑은 죽을 수 없음의 형벌

흡혈귀에게 사랑이 불가능하다는 건 이런 점에서이다. 흡혈귀는 홀로 고립된 채 살 수밖에 없지만, 그렇기에 더 누군가의 애정과 관심을 갈구하게 된다. 그러나 흡혈귀의 사랑은 결국 죽음을 죽음 자체로 현세에 고정시켜 인간의 유한성을 말살하게 된다. 흡혈귀의 사랑을 받아들이는 자는 결국 자신도 흡혈귀가 되어 인간의 한계를 넘어선 존재로 변한다. 이때, 사랑은 축복인 동시에 저주가 된다. 인간의 모든 사랑 이야기 역시 축복의 저주를 동전의 양면으로 드러낸다는 점에서 흡혈귀 설화는 결국 인간이 존재하는 한 방식에 대한 커다란 환유임에 분명하다.

흡혈귀가 인간과 사랑을 나눈다는 설정의 영화는 부지기수다. 덴마크 작가 욘 아이비데 린드크비스트의 소설을 원작으로 한 〈렛미인〉은 덴마크와 미국에서 두 개의 버전으로 만들어졌다. 새삼 스토리를 나열할 것도 없이 유명한 영화다. 흡혈귀 소녀와 왕따 소년의 애정을 통해 신비와 동심, 영원과 유한, 고독과 분노, 사랑과 비극 등을 유려하게 그려낸 작품이다. 거기에 덴마크의 한 빈민가(미국 버전에선 뉴멕시코)를 배경으로 여러 인간 군상의 비참한 삶을 핍진하게 그려냄으로써 흡혈귀의 형태로 존재할 수밖에 없는 삶의 어느 사각지대를 설득력 강하게 그려내기도 했다. 흡혈귀의 사회학적 존재 불가피성(?)을 묘파했다고 해도 지나치지 않을 정도다.

"죽음까지 파고드는 삶"의 적나라한 표현

그 밖에 B급 에로물 형태의 영화는 수다하다. 흡혈귀가 지닌 에로티시즘을 노골적으로 인용하는 방식인데, 사랑을 나누며 피를 마시고 상대마저 흡혈귀로 변하게 해버린다는 설정은 조르주 바타유가 설파한 에로티시즘의 본질, 즉 "죽음까지 파고드는 삶"이라는 명제를 액면 그대로 시각화한다. 작품의 질적 수준이나 가치를 논외로 하고 하는 말이다.

그런 설정은 허다한 좀비물과 언데드 크리처들을 등장시킨 20세기 중후반 이후 지속적으로 반복되는 일종의 클리셰가 됐다. 결국 피와 온기, 어떤 집단적 이질성이나 인간의 본능적 욕구와 한계들을 은유하는 체계로 이어져 하나의 영화사적 줄기를 구축해온 것이다.

그러한 은유 체계는, 그것이 은유인 만큼 여러 상반된 의미를 생산하게 된다. 흡혈귀의 부정성, 요컨대 타인의 피를 빨아먹는 행위와 사악한 이미지는 악마의 현존으로 표상되는 경우가 많지만, 인간과의 불가능한 사랑이나 그로 인한 비극적 로맨스로 흐를 때, 흡혈귀의 존재는 매혹적이지만 사랑하거나 동정할 수 없는, '치명적인 연인'으로 둔갑하기 일쑤다. 그럴 때 흡혈귀는 가련한 존재가 된다.

세상의 어두운 곳에 숨어 혼자만의 고뇌에 사로잡힌 채, 전 세계와의 피비린내 나는 응전을 도모하는 존재는 장엄한 동시에 추레하고 나약하기 그지없다. 그 모습에서 투사되는 건 세상의 몰이해와 일방적 규칙에 전 생애를 걸고 맞서는 고독한 혁명가나 예술가의 이미지다. 같은 언어를 쓰고 비슷한 감정을 느끼지만 결코 사람들과 섞이지 못하는 그는 결국 타인뿐 아니라 스스로에게마저 괴물이 된다. 자신만의 고성이나 동굴 같은 밤의 깊은 서슬 아래에서 그는 제왕적인 능력으로 홀로 군림하지만, 햇빛 아래에선 그저 위험한 박쥐 한 마리에 불과하다. 그래서 그는 죽을 수 없음을 질병으로 끌어안은 채 수세기 동안의 밤을 헤맨다. 그 형상이 도깨비를 닮아 보이거나 성화 속 악마의 얼굴이거나 무해하고 순진한 소녀의 얼굴이거나 하는 건 결국 인간의 시각에서 만들어진 허상에 불과하다. 그러한 흡혈귀의 다중성을 표현하는 데 영화만큼 적확한 매체가 어디 있겠는가.

피는 까맣고 사람은 하얗고 풍경은 잿빛

흡혈귀는 영화가 탄생한 이후 줄기차게 반복, 복제되어온 아이템 중 하나다. 어둠과 빛, 선과 악, 악마와 연인, 죽음과 영원, 섹스와 변신이라는 테마는 삶과 우주의 모든 양상을 되비추면서 아주 자극적인 방식으로 영화의 기술적 원칙들과 결합되어왔다. 새삼 영화란 게 무엇인지 돌이켜보면 이

점은 분명하다. 영화는 결국 빛과 어둠의 변증법에 바탕을 둔, 빛과 어둠의 기술적 작란作亂과 착란의 소산이다. 기술이 발달할수록 영화가 표현 불가능한 것들이 없어지는 현 상황에서 돌이켜볼 때, 어쩌면 더 이상 영화로 표현할 필요가 없어지는 것들이 많아질지도 모른다는 역설적 가정이 과장만은 아닐 것이다. 그것은 어찌 보면 흡혈귀의 운명과도 비슷하지 않은가. 모든 게 가능해질수록(영생할수록) 아무것도 가능할(삶을 지속할) 필요가 없어지는 상황. 이건 과연 억측이기만 할까.

흡혈귀 영화들을 보면서 영화의 운명(?)까지 걱정하고 있는 내가 어쩌면 흡혈귀처럼 공감받지 못할 상념에 사로잡힌 자일지도 모르겠다. 하지만 영화를 보면서 영화 자체의 물성 혹은 영화의 본질 따위를 궁구하는 게 아주 미친 짓만은 아닐 것이다. 그런 점에서 흡혈귀 영화들은 내게 아주 흥미로운 자료이자 질료이자 형상으로 작용한다. 무성영화 시대의 거장들, F. W. 무르나우나 카를 드레이어 같은 감독들이 각각 나름의 흡혈귀 영화들로 영화사의 한 자리를 차지했다는 사실을 나는 영화의 그러한 기술적 특징과 원천적 한계에서 살피게 된다. 그러면서 꽂히게 되는 게 영상의 물리적 색감이다. 나로서는 흡혈귀는 흑백일 때 더 표일하고 실재적이다. 흡혈귀 자체가 흑백의 삶을 살기 때문인지도 모른다. 흑백에서 피는 검고 사람은 하얗고 풍경은 잿빛이다. 그래서 신비감과 이물감이 더 선연하다. 흡혈귀를 소재로 한 흑백 영화 한 편 소개하면서 지리멸렬한 '흡혈귀론'을 갈음하기로 한다.

사실, 이 글을 쓰기로 마음먹게 된 건 애나 릴리 아미푸르 감독의 〈밤을 걷는 뱀파이어 소녀〉를 보고 나서였다. 소녀 뱀파이어와 소년의 사랑이라는 설정은 〈렛미인〉을 연상케 하고, 시종일관 느릿느릿 전개되는 흑백 영상은 무성영화뿐 아니라 미켈란젤로 안토니오니의 어떤 영화들을 떠오르게 했다. 지루하기도 오묘하기도 답답하기도 했으나, 전체적으론 흡혈귀에 대한 발랄한 풍자 같은 게 느껴져 흥미로운 영화였다(대개의 관람 리뷰는 혹평 일색이었다).

영화 자체가 흡혈귀 아니었던가

앞서 '영화의 운명' 운운하기도 했거니와, 온갖 특수효과와 첨단 기술이 횡행하는 요즘 영화판에 이런 스타일의 영화들이 종종 분위기를 환기시켜줄 필요가 있다는 생각이 들었다.

자신 안에 내재하면서도 인간으로서는 풀지도 터뜨리지도 못할 욕망과 본능을 마치 다른 이의 것인 양 펼쳐 보여주는 것. 그것이 또 영화의 본분이고 역할 아니겠는가.

정말 관객 안 들고 투자자들은 난색을 표하기 딱 좋고, 향후 감독을 흡혈귀처럼 고립되게 만들지도 모를 영화지만, 그저 100여 분 바라다보고 있는 것만으로 고독한 휴식을 취하는 느낌에 사로잡혔다. 그러면서 여태 본 온갖 형태의 흡혈귀들이 뇌리에 오버랩됐다가 지워졌다.

그 많은 흡혈귀들의 죽지 못하는 후예로서 한 소녀 흡혈귀가 밤마다 스케이트보드를 타고 자신의 본분(?)에 충실한 일을 벌인다. 그리고 스스로를 '드라큘라'라 칭하는 한 순진하고 발칙한 소년을 만나 사랑에 빠진다. 그러면서 벌어지는 잔잔하고도 사려 깊고 풋풋한 밤의 이야기들. 영화가 돌봐야 할, 그러나 배척당한 어느 작은 골목길에서 세상의 모든 영화들에게 조용히 자신만의 존재감을 흡혈의 그림자 위에 모노톤으로 시위하는 듯한 영상. 그 의외의 포근함이 꽤 아팠다. 흡혈귀는 결국 인간의 가장 나약하고 첨예한 욕망의 분신 아니었던가. 자신 안에 내재하면서도 인간으로서는 풀지도 터뜨리지도 못할 욕망과 본능을 마치 다른 이의 것인 양 펼쳐 보여주는 것. 그것이 또 영화의 본분이고 역할 아니겠는가. 영화 자체가 흡혈귀의 속성을 은밀히 발휘하며 100년 넘도록 인간의 감정을 틀어쥐어왔다고 얘기한다면, 과연 공감하시겠는가. 그러지 못하신다면 영화는 결국 어둠 속에서 시작하고 어둠 속에 빛이 들면서 끝난다는 사실에 이의를 다실 수는 있겠는가. 흐륨.

오데트
Ordet

기적은 '지금, 여기' 진짜로 일어난다

카를 드레이어. 1955

'영화 광인'이라 불리는 일본의 영화 평론가 하스미 시게히코는 카를 테오도르 드레이어의 1955년 작품 〈오데트〉에 대해 이렇게 쓴 적 있다.

> "영화를 보는 것은 이 동요를 맨살로 촉지하는 것에 다름 아니다. 시각은 그때 무력한 자신을 견디기만 할 뿐이다. 그래서 영화를 그런 체험으로 이끄는 〈기적〉이라는 작품은 뛰어나게 촉각적인 필름으로 이루어져 있다고 해야 할 것이다."

1980년에 발표한 〈〈기적〉의 기적〉*이란 글의 일부다. 〈기적〉은 〈오데트〉의 일본 개봉 제목이다. 원제 'Ordet'는 덴마크어로 'The Word'란 뜻이다. 내용상 '말씀'이라 의역하는 게 적확할 것이다.

너무 기적 같아서, 기적 같지 않은 기적

글의 허두에서부터 하스미 시게히코는 '미지의 동요'라는

---

*   《영화의 맨살》, 하스미 시게히코, 박창학 옮김, 이모션북스, 2015.

표현을 쓰는데, 영화를 보면서 관객에게 일어날 수 있는 육체적인 혼란과 균열을 통칭한다 할 수 있다. 그럼에도 딱히 정확하게 짚이지는 않는다. 과연 무슨 혼란이고 균열인지는 이 글의 말미에 명징하게 드러날 수도, 그렇지 않을 수도 있다. 이렇듯 무책임하게 얘기하는 건, 영화를 보고 나서 실제로 '그걸' 겪지 않거나 못하는 사람은 공감 못할 수 있기 때문이다. 동시에 만약 그걸 느낄 수 있다면, 그 사람에게 작은 '기적'이 일어난 것이라 해도 과언만은 아닐 것이다. 너무 고요하고 잔잔해서 기적이 그저 삶의 순연한 사실일 뿐이라는, 기적의 '기적 같지 않음'의 기적. 말장난 같은가. 그러나 사람을 아연실색하게 하는 순간을 어찌 똑바른 언어로 전할 수 있으리. 〈오데트〉는 내게 그런 영화였다.

목사이자 극작가였던 카이 뭉크의 원작을 각색한 작품이다. 덴마크의 한 시골 농가에서 벌어지는 일이다. 보겐 농가의 둘째 요하네스는 오랫동안 의학 공부를 하다가 자신이 예수 그리스도의 현신이라 믿게 된다. 보겐 집안은 독실한 신자 집안이지만, 밤낮 성경 구절을 되뇌며 가족들에게 설교하는 요하네스를 정신병자 취급한다. 장남 미켈의 아내인 잉거는 요하네스를 불쌍하게 여기지만 아버지는 그를 미쳤다고 단언

한다. 셋째 아들 안더스는 집안과 종교적으로 대립하는 재단사의 딸과 결혼하려 하나 아버지의 반대가 심하다. 그러다가 잉거가 불치병에 걸린다. 그리고 '기적'이 일어난다.

 범박하게 요약한 스토리인데, 말로는 더 설명 못할 요소가 영화에 가득하다. 영화가 결국 육체적으로 보고 듣는 행위임을 예민하게 자각하지 못한다면 한없이 지루하기만 한 옛날 필름에 지나지 않을 수도 있다. 그 어떤 극적인 사건도 벌어지지 않는다(아니, 너무 극적이어서 되레 일상의 잔잔한 한 파동처럼 여겨진다는 게 더 정확할 거다). 결혼을 둘러싼 아들과 아버지의 갈등은 하도 오래된 설정이라 새삼스러울 것도 없다. 그런 요소들을 되새기다보면 반세기도 훨씬 전에 제작된 구식 영화라는 편견이 스멀스멀 모공을 틀어막는 느낌이 들 수도 있다. 그러나 그렇게 되면 '기적'은 일어나지 않는다. 아니, 기적을 받아들이기 힘들어진다. 이것은 신앙의 문제가 아니다. 한 편의 영화가 어떻게 해서 온전하고도 고유한 형식과 물성으로 오랜 시간 되새겨질 수 있는지에 대한 각성의 차원이다. 영화를 보는 이가 영화 속으로 불쑥 들어가거나, 영화 속 인물이 스크린을 찢고 '지금, 여기'에 임하는 듯한 실제적인 당혹감. 그것이 어느 특정한 개인의 유별난 취향과 그로 인한 체험으로 투사되었다 하더라도 〈오데트〉가 영화사적으로 남긴 '기적'의 웅혼한 여운은 나만의 것이 아니리라 믿는다.

당신은 과연 '미지의 동요'를 느끼는가

카를 드레이어의 여느 작품들처럼 흑백 음영이 예리하고도 첨예하게 교직하는 고요한 실내극의 느낌이지만, 일상이 때론 그 어떤 심연보다 깊고 내밀하다는 것, 영화는 바로 그러한 일상의 모공을 들춰내는 작업임을 이처럼 농밀하게 보여주는 감독은 예나 지금이나 많지 않다. 어떤 극적 과장이나 감정의 직접적 표출 없이 카메라는 자신이 찍은 영상을 통해 보는 이의 내면을 훑어내린다. 그럴 때, 관객은 찍힌 영상의 조합물을 단순히 바라보기만 하는 구경꾼이 아니라, 영상 표면에 반사된 자신의 마음이나 육체를 내관內觀하며 '미지의 동요'를 느끼게 된다. '기적'의 1차 단계이다. 앞서 말한, '그걸' 겪지 않거나 못하는 사람은 공감 못할 기적이라는 건 바로 이것을 뜻한다.

너무 황당해서 지나치게 당연시되는 이상한 착종이 여기서 발생한다. 슬금슬금 남의 집 풍경을 바라보다가 자신도 모르게 그 집 안에 한 인물로 놓여 있게 되는 육체적 망실 상태. 모종의 자발적 의지나 작심 없이 슬그머니 무장해제되어 영화가 이끄는 시공 한구석에 조용히 한 입자처럼 머무르게 된 자신을 발견하는 경험. 그것을 어떻게 온전한 언어로 표현할 수 있을지 모르겠다. 하스미 시게히코가 말한 '미지의 동요', 그리고 '촉각적인 영화'라는 표현이 내겐 그렇게 와 닿았다.

마치 2,000년 만에 살아 돌아온 예수와 아무렇지도 않게 조용히 악수를 나누는 느낌이라고 말한다면 망발이거나 광증의 발로일지도 모르겠다. 하지만 실제로 육체적인 체험이 하루 자고 일어나서 세수한 다음 날의 얼굴처럼 또렷이 스스로를 다른 존재로 옮겨놓는 경험을 제정신이라 일컫는 것도 제정신(?)은 아닐 것이다. 정말 빙의와 현현은 이토록 사소하고 무감하게 누군가의 영혼 속에서 나지막이 일어나는 일인 걸까. 그 괴이하고도 조용하고, 무감하면서도 전면적인 느낌에 사로잡히게 만든 장면을 드로잉했다.

당신은 왜 영화를 보는가

요하네스가 조카와 대화하다가 그녀를 안고 잠자리로 들

일상이 때론 그 어떤 심연보다 깊고 내밀하다는 것,
영화는 바로 그러한 일상의 모공을 들춰내는 작업이다.

어가는 장면이다. 조카의 엄마 잉거는 곧 죽을 운명에 닥쳤다. 집안 모든 식구가 요하네스를 정신병자 취급하지만, 조카만은 예외다. 성경 구절만 몽롱하게 읊조릴 뿐, 일상 어법을 완전히 상실한 듯한 요하네스가 그나마 자연스러운 말투를 구사하는 순간이다. 두 시간 5분의 러닝타임 중반을 막 넘어선 시점이다. 이전 장면에선 요하네스와 조카가 거실 중앙에서 대화하는 모습을 둥그렇게 감싸고 도는 롱테이크가 3~4분 정도 이어진다.

이 장면을 보면서 화면 중앙에 놓인 요하네스가 화면 바깥으로 느릿느릿 걸어오는 듯한 느낌을 받았다. 흠칫 놀랐다. 순간, 예수에 빙의된 듯한 요하네스의 태도가 거짓이거나 꾸며진 광증이 아닐 거라는 확신이 들었기에 더 놀랐다. 70여 년 전 현존했던, 이름도 얼굴도 낯선 배우의 얼굴이 실물 그대로의 예수일 거라는 확증이 물리적으로 뇌리에 찍히는 순간이었다. 그는 미친 게 아니었던 거다. 그랬더니 영화 마지막의 (일상적으론 말도 안 되는) '기적'이 정말 '기적'처럼 느껴져 외려 '기적'이 아닌 것처럼 여겨졌다. '기적이 이렇게 당연하다니'와 '믿을 수 없는 일이 믿고 안 믿고의 문제를 넘어 그 자체로 현실이라니'라는 두 개의 말꼬리 다음을 이을 여력이 더는 생기지 않을 정도로 그것은 불가항력이었다. 영화만의 독자적인 '힘'이 이런 게 아닐까, 라는 자각은 시간이 좀 더 지나고 난 뒤의 각성이다. 나는 영화 속의 요하네스와 '실제로' 대면했던 거다. 믿기지 않는가. 나 역시 믿기지 않는다. 그것은 결국 영화의 기적이고 육체에서 환기된 육체 너머의 기적이었으니까. 그런데 그 '힘'은 과연 무엇일까.

영화를 단순 눈요기 삼든, 킬링타임용 오락거리로 여기든, 삶의 원리와 교훈을 캐내는 텍스트 삼든 모두 관객의 선택이고 몫이다. 자신만의 취향과 세계관, 그로 인한 감상법을 독자적으로 개발하는 것 역시 마찬가지다. 영화 산업이 발달하고 다변하면서 무엇이 옳다고 얘기하는 것 자체가 이제 와 부질없다. 다만, 여전히 분명한 건 영화는 평평한 수직의 2차원 물질을 통해 인간의 감각과 두뇌를 자극하여 2차원 너머를 드러낸다는 사실이다.

영화의 '힘'

3D, 4D 등은 과학기술이 만들어낸 극단의 감각 재현 체계이지만, 그 자체가 3차원, 4차원으로 실제 변환되는 것은 아

니다. 그저 그렇게 여겨지게 만드는 것뿐이다. 이것은 영화가 애초부터 가공과 가상이라는 기반에서 출발했다는 사실을 역설적으로 드러낸다. 더 실제적인 가상, 더 진짜 같은 가짜를 무한 생산해내는 것인데, 그 끝이 어디일지는 알 수 없다. 그럼에도 이미 죽은 자, 내가 태어나기 전에 살다가 죽은 누군가가 지금, 여기 내 앞에 현현한 것을 목격하는 경험은 그 어떤 기술적 제약에도 불구하고, 예전부터 있어왔고, 앞으로도 있을 것이다. 나는 그게 영화의 진정한 힘이라 믿는다.

화면 속의 '그'를 통해, '그'의 몸을 빌려 임재한 '신의 아들'을 만나는 경험. 그 믿을 수 없는 환각을 실제로 기적처럼 보여주는 영화의 힘. 미친 소리라 여겨도 된다. 미치지 않고서는 도저히 믿을 수 없는 '기적'들이 지금도 너와 나의 일상에 산재해 있을 테니까. 어느 제대로 미쳤거나 너무도 멀쩡하기에 외려 더 미친 자로 보이는 자의 명징한 두뇌를 통해 조용히, 그러나 지금은 누구의 언어로도 이해받지 못하는 방식을 통해, 씨 뿌려지고 있을지도 모르니까.